被災マンションの建物取壊しと敷地売却マニュアル

マンション管理士 萩原孝次
マンション管理士 髙橋悦子 著
明海大学准教授 小杉学

発行 ㊐ 民事法研究会

は し が き

　本書は、2011年3月11日の東日本大震災、2016年4月16日の熊本地震により被災したマンションの、建物取壊し・敷地売却事業の実務の経験をまとめたものです。この事業の実務は、災害という非常時でもあり、法の未整備、合意形成の難しさなどを要因として、実に困難を極めました。とりわけ改正被災マンション法による建物取壊し・敷地売却の実務は未経験の領域であり、実務上はある意味で全員同意を要することにもなるような、経験した者でなければわからない「事実は小説よりも奇なり」というものでした。こうした、経験した者でなければわからない、法のしくみの解説、建物取壊し決議等の事業実施の実際と具体的手続、特に留意すべき点、日々直面する困難な課題の解決方法、それらから得られた教訓などをもれなくまとめ、マニュアルとした初の試みです。

　この事業を担った私たちは、東日本大震災から10年を迎える現在、マンションが被災した際の対応の経験をマンションの管理に関与するすべての方が広く共有すること、私たちの経験の是非を世に問うこと、今後の被災対応に活かすこと、さらには、近年課題となっている区分所有関係解消の問題点を明らかにすることが欠かせないと考え、本書を発刊することにしました。

　阪神・淡路大震災後に被災マンション法が制定されましたが、東日本大震災において直面したのは、再建（または建替え）せずに建物を取り壊して敷地を売却する、区分所有関係の解消という新たな選択でした。取りあえず全員同意で取り壊したマンションでは、その後の敷地の取扱いについて、全員同意による敷地売却という困難に直面しました。幸い、多くの方のご尽力で2013年に被災マンション法が改正され、被災時の建物取壊し・敷地売却が多数決決議によって可能となりました。

　ところが、この改正被災マンション法に基づき敷地売却に取り組んでみたところ、法は改正されたものの、実務上の困難は予想以上に大きいものでし

1

た。何しろ前例がなく初めての経験であること、事業法、手続法がないことから、結局のところ、実務上は全員同意と変わらぬような困難があることが判明しました。また、法が難解であることもあり、法の無理解からか、ある被災マンションでは地上げまがいの強引な事業が進みましたが、それは後に、訴訟において「敷地売却決議」無効の判決が出されることとなりました。

　この東日本大震災時のマンションの取壊し・敷地売却の経験は、熊本地震で活かされることになりました。熊本地震では、東日本大震災における取組みの経験を活用して、19棟の建物が取壊し、再建、建替え、敷地売却をそれぞれに選択しています。

　2つの震災の経験から学んだことは、被災時のマンションの対応は、その選択肢が補修、復旧、建替え、再建、建物取壊し・敷地売却など多様であることから、特定の者が特定の選択肢に誘導することを避けなければならないということです。そのためには、法律、建築、マンション管理の研究者、実務者が、チームとして対応することが欠かせません。また、建物取壊し・敷地売却は、所有権を剥奪するものであることから、その合意と手続の過程は厳格に取り扱われ、瑕疵なく、適法にということが必要となります。さらには、たとえば区分所有法に基づく復旧にしても4分の3以上の同意が必要であり、被災マンション法に基づく建物取壊し・敷地売却には5分の4以上、実務上は全員同意に近い作業が課せられることから、多数当事者が納得する合意形成の過程は欠かせません。法がどんなに整備されたとしても、このことに変わりはないのです。したがって、非常時のマンション管理のあり方を考えると、日頃から合意形成の基盤を醸成するように、より一層心がけなければならないわけです。

　本書が、当事者である区分所有者（敷地共有者）の参考となり、また、建築専門家、法律専門家、マンションの管理に携わる研究者、実務者など多くの皆さんが被災マンションの支援を行う際の参考となれば幸甚です。

　私たちが経験した被災マンションの建物取壊し・敷地売却事業は、区分所

2

有者（敷地共有者）、研究者、実務者の協働の事業であって、その過程で、皆さんと悩み、戸惑い、喜怒哀楽を共にし、得がたい知己を得ましたが、その貴重な話は紙数の都合で残念ながら割愛しました。いずれ機会を得て、お伝えしたいと考えています。

　東日本大震災と熊本地震による被災という困難な中で、被災マンションの建物取壊し・敷地売却に真摯に取り組んだ区分所有者（敷地共有者）の皆さんに、心から敬意を表します。また、それぞれの事業に献身的に関与し、支援してくださった多くの研究者、実務者の皆さんに、心から感謝いたします。これらの方々の労苦を厭わない前向きで献身的な取組みがなければ、本書の発刊もあり得ませんでした。

　本書の編集にあたっては、民事法研究会の軸丸和宏さんに格別のご支援をいただき、大変お世話になりました。記して感謝の意を表します。

　　2020年12月

　　　　　　　　　　　　　　　　執筆者を代表して

　　　　　　　　　　　　　　　　　　萩　原　孝　次

『被災マンションの建物取壊しと敷地売却マニュアル』

目 次

序 章 本マニュアルの概要

第1章　建物取壊し

第2章　敷地売却

11

第3章　その他の留意点と参考資料

◉凡　例◉

［法令等］

区分所有法　：　建物の区分所有等に関する法律

被災マンション法　：　被災区分所有建物の再建等に関する特別措置法

マンション建替え等円滑化法　：　マンションの建替え等の円滑化に関する
　　法律

［その他］

・本文中の「ＨＳマンション」「ＤＡマンション」などのマンション名の略称
　については、第3章③をご参照ください。

・《参考法令》中、下線部は読み替え規定における読み替え後の語句を表し、
　〔　　〕内は読者の理解を助けるための著者による注を表しています。

本マニュアルの概要

1　最初に注意しておくこと

(1)　チームで対応する

　建物取壊し、敷地売却は、当事者 (区分所有者・敷地共有者) と専門家のチームで対応してください。とても 1 人の専門家で対応できるものではなく、かえって、1 人の専門家であるがゆえの不都合も生じることがありますので、チームで取り組むことが肝要になります。

(2)　偏りのない選択肢の情報提供と合意形成

　被災マンションの選択肢は、復旧、再建、建替え、建物取壊し、敷地売却など多様な選択肢があり、それらの選択肢の中から、当事者にとって最も有効でかつ合意可能な選択肢を採用することになります。そのためには、選択肢に係る情報を偏ることなく提供し、オープンな議論で合意していくことです。

　特定の専門家は、その得意とする領域に誘導しがちになり、さまざまな選択肢の中から偏りなく検討し合意していく過程を踏むことについての注意がおろそかになります。たとえば、ディベロッパーや設計コンサルタントであれば再建や建替えに誘導し、宅地建物取引業者であれば敷地売却に誘導することになりがちです。

　それぞれの分野の専門家は、それぞれの分野の専門家にすぎないのですから、復旧、再建、建替え、建物取壊し、敷地売却などの選択肢の中から 1 つを選択し、事業を完遂するためには、やはりチーム力が必要です。

　復旧にしても 4 分の 3 以上、その他の再建、取壊し、建物取壊し、敷地売却などは 5 分の 4 以上または全員の同意ですから、当事者の納得のいく合意なしには事業は成功しません。

> **【参考】　東日本大震災における専門家チーム**
> 　東日本大震災では、日本マンション学会、宮城県マンション管理士会、弁護士、司法書士で構成される専門家チームを組織し、ＨＳ、ＤＡマンションの敷地売却を成功に導くことができました。

(3)　とても難しい内容です

　東日本大震災の事例で、主に弁護士がかかわっていたＳＴマンションでは、管理組合法人の集会決議による解散と管理組合の消滅の混同、敷地売却決議手続の厳格な要件の欠落、集会議事録の偽造、権限のない者による催告、売渡請求者を買主とする混乱などが起きました。この結果、決議の有効性をめぐって訴訟になり、仙台地方裁判所平成27年9月25日判決で、敷地売却決議が無効となりました。

　被災マンション法は、区分所有法の特別法ですから、条文の随所に準用が行われています。このために、法の条文を正確に理解することが難しくなっています。同法は所有権を多数決によって奪うものですから、その手続が特に厳格に定められています。これらの法定の手続要件を満たすための注意が欠かせません。

　被災マンション法は、いわゆる事業法（手続法）が未整備です。マンション建替え等円滑化法とも関係していませんので、同法を活用することはできません。このため、集会決議以降の実務の手続は手探りの状態になり、これらの全過程を瑕疵なく進めなければなりません。

　チームは、区分所有者（敷地共有者）、弁護士、司法書士、設計コンサルタント、まちづくりコンサルタント、再開発コンサルタント、宅地建物取引業者、マンション管理士などの多様な専門家を集め、かつ、これらを1つにまとめ上げることができるようにしていかねばなりません。

②　本マニュアルが想定している流れ

(1)　「建物取壊し」と「敷地売却」との２段階

　本マニュアルが想定している、被災マンションが敷地売却に至るまでの大きな流れは、以下のとおりです。

---

　①建物取壊しの合意を得てマンション（建物）を取り壊し、②敷地売却の合意を得て敷地を売却する。

①建物取壊し（第１章）	②敷地売却（第２章）
被災マンション法11条の取壊し決議または、建物取壊しの全員同意	→ 被災マンション法５条の敷地売却決議または、敷地売却の全員同意

　大きな特徴は、①建物取壊しと、②敷地売却の２つの（２段階の）事業を行うことです。これに伴い、敷地売却までに①建物取壊しの合意と②敷地売却の合意の２つの合意（２段階の合意）が必要となるという点がとても重要です。

　東日本大震災で被災した仙台市の敷地売却２事例と、平成28年（2016年）熊本地震で被災した熊本市の敷地売却８事例はこの流れを経て敷地売却に至りました。

　①建物取壊しには、被災マンション法[1]11条の取壊し決議による場合と、民法251条に基づく全員同意による場合の２通りがあります。

　②敷地売却も、被災マンション法５条の敷地売却決議による場合と、民法251条に基づく全員同意による場合の２通りがあります。

1　正式名称は、「被災区分所有建物の再建等に関する特別措置法」です。

　建物が全部滅失[2]した場合などは、理論的には②の敷地売却から進められますが、実際には、敷地に残った建物の残骸の撤去が必要である場合や、全部滅失か大規模一部滅失[3]かの判断が微妙な場合などが想定され、①の建物取壊しの手順が必要となる場合も考えられます。

⑵　４つの注意点

(A)　敷地が区分所有者の共有になっていることの確認

　敷地が区分所有者全員の共有になっているマンションとは、すべての区分所有者の登記記録（建物の登記記録）に「敷地権」の表示がある、または敷地（土地）の登記記録が全部敷地権になっていることが確認できるマンションです。

　現在建てられているマンションのほとんどは、敷地が区分所有者全員の共有（または準共有）になっていますが、昭和58年（1983年）以前分譲のマンションを中心として、稀に、このような状態になっていないマンションがあります。

　そのため、まず最初に、被災したマンションの敷地が、区分所有者全員の共有になっているかどうかを確認してください。敷地が複数の筆（区画）に分かれている場合も、それぞれの筆（区画）が区分所有者全員の共有になっているかどうかを確認してください。

　前項で説明したように、本マニュアルでは、建物取壊し事業のあとに、敷地売却事業を行う流れを想定しています。被災マンション法では、マンションを取り壊した後の敷地が、マンションが建っていたときの区分所有者（＝旧区分所有者）の共有（または準共有）になっていることを、敷地売却決議の要件と位置づけています。

　また、旧区分所有者以外の敷地共有者は、被災マンション法でいう敷地共

2　全部滅失とは、政令で定める災害により区分所有建物の全部が滅失した場合をいいます。第1章①(2)参照。

3　大規模一部滅失とは、区分所有建物の価格の2分の1超に相当する部分が滅失した場合をいいます。第1章①(2)参照。

有者等には該当しないと考えられています。旧区分所有者以外の敷地共有者がいる場合や、敷地共有者ではない旧区分所有者がいる場合などに、注意が必要です。

	旧区分所有者以外の敷地共有者がいる場合の例	敷地共有者ではない旧区分所有者がいる場合の例
旧区分所有者	ＡＢＣＤＥＦ	ＨＩＪＫＬＭＮ
敷地共有者	ＡＢＣＤＥＦＧ	ＨＩＪＫＬＭ
説明	Ｇは敷地共有者だが旧区分所有者ではない	Ｎは旧区分所有者だが敷地共有者ではない

　さらに、マンションに関係する土地が複数の筆になっている場合には、それぞれの土地と旧区分所有者の権利関係の確認が必要です。

　敷地が区分所有者全員の共有になっていることの確認や、敷地が複数の筆の場合に敷地と建物との関係の確認を怠ると、敷地売却事業において思わぬ紛争に直面する可能性がありますので、十分に注意してください。

　なお、被災したマンションの敷地が、区分所有者全員の共有になっていない場合や、このことについて正確に理解したい場合は、第3章①を確認してください。詳細に説明しています。

　　(B)　被災マンション法適用災害として政令指定されていることの確認

　被災マンション法11条の建物取壊し決議や、同5条の敷地売却決議を行うための前提として、被災の原因となった災害が「被災マンション法が適用される災害」として政令指定されている必要があります（第1章①(1)参照）。

　なお、「激甚災害法に基づく激甚災害の政令指定」[4]とは全く別物ですので

4　激甚災害法の正式名称は、「激甚災害に対処するための特別の財政援助等に関する法律」です。激甚災害とは、地震や風雨などによる著しい災害のうち、被災地域や被災者に助成や財政援助を特に必要とするものです。発生した災害が、激甚災害法に基づいて激甚災害として政令で指定されると、国により災害復旧事業の補助金の上積みがなされます。

十分注意してください。熊本地震の際には、「政令指定」という言葉だけが一人歩きして、「激甚災害法に基づく激甚災害の政令指定」と混同している方が多くみられました。

(C) 大規模一部滅失や全部滅失の確認

被災マンション法に基づいて建物取壊し（同法11条）を決議するためには、建物が大規模一部滅失である必要があります（第1章①(2)参照）。同様に、敷地売却（同法5条）を決議するためには、建物が全部滅失の状態か、または、被災マンション法や全員同意により建物取壊しが行われている必要があります。

(D) さまざまな被災区分があることの確認

建物の被災度を表す尺度にはさまざまなものがあるため、この点を確認していないと被災時に無用な誤解や混乱が生じます。たとえば、「地震で建物が全壊した」ときの「全壊」は、災害対策基本法の被害認定基準に基づく判断です。しかし、似たような言葉で、地震保険には「全損」、区分所有法・被災マンション法には「全部滅失」という言葉があります。そして、全壊判定だからといって、地震保険で全損になるわけでもなく、区分所有法の全部滅失に該当するわけでもありません。それらは、全く別々の判断基準で、相互に関連がなく判断されます。この点に十分注意を払ってください。

このことについて正確に理解したい場合は、第3章②を確認してください。詳細に説明しています。

《参考法令》
民法251条（共有物の変更）
　各共有者は、他の共有者の同意を得なければ、共有物に変更を加えることができない。
被災マンション法5条（敷地売却決議等）
1　敷地共有者等集会においては、敷地共有者等の議決権の5分の4以上の多数で、敷地共有持分等に係る土地（これに関する権利を含む。）を売却する旨の決

議（以下「敷地売却決議」という。）をすることができる。

被災マンション法11条（取壊し決議等）

1　第7条に規定する場合においては、区分所有者集会において、区分所有者及び議決権の各5分の4以上の多数で、当該区分所有建物を取り壊す旨の決議（以下「取壊し決議」という。）をすることができる。

〈図1〉　マンションの被災から建物取壊しまでのフローチャート

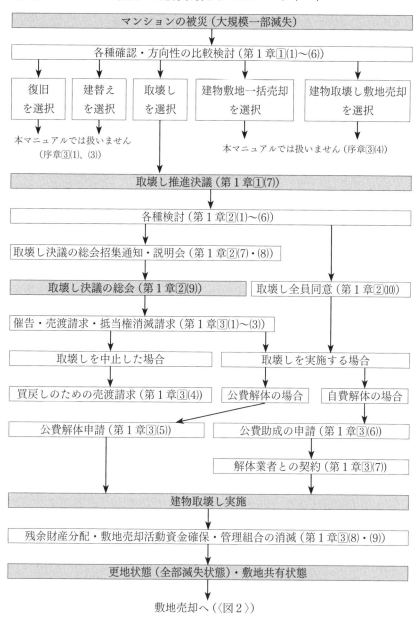

〈図2〉　更地状態から敷地売却までのフローチャート

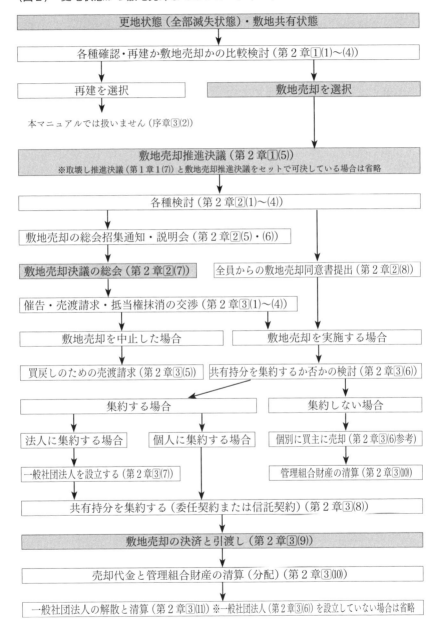

③ 本マニュアルで解説する方法以外の方法

　被災マンションの対応方法として、本マニュアルで紹介する方法以外にも、「復旧」「再建」「建替え」「建物敷地売却」「建物取壊し敷地売却」という方法がありますので、ごく簡単に紹介します。

(1) 復旧（区分所有法61条）

　区分所有法61条が定める「復旧」とは、建物を取り壊さず修理して元の状態に戻すことをいいます。

　大規模一部滅失の場合、区分所有者および議決権の各4分の3以上の賛成多数により、復旧ができます。

(2) 再建（被災マンション法4条）

　被災マンション法4条が定める「再建」とは、建物が全部滅失した場合に、被災前の区分所有者（＝マンションが建っていた敷地の共有者）を中心として、新しいマンションを建てることをいいます。

　全部滅失したマンションの敷地共有者等の議決権の5分の4以上の賛成多数により、再建ができます。

　全部滅失した場合は、マンションが存在しないため、区分所有法が適用されず、区分所有法62条の建替え決議はできません。そのため、阪神・淡路大震災を受けて、平成7年3月24日、再建を可能とする被災マンション法が整備されました。

　被災マンション法4条を用いた「再建」では、被災前の区分所有権は、原則として再建されたマンションの区分所有権に移転するため、区分所有権を

5　正式名称は、「建物の区分所有等に関する法律」といいます。

いったんマンション開発業者（ディベロッパー）等に売却する必要はありません。

　被災マンション法5条に基づく敷地売却、または全員同意による敷地売却をした土地を、マンション開発業者等が買い取り、その土地に新たにマンションを建設する場合は、被災マンション法が定める「再建」ではありません。

⑶　建替え（区分所有法62条、70条）

　建替えとは、建物が全部滅失していない場合に、そのマンションの区分所有者を中心として、新しいマンションに建て替えることをいいます。建替えの進め方については、国土交通省「マンションの建替えに向けた合意形成に関するマニュアル[6]」をご参照ください。

　区分所有法62条では、建物が被災したか否かにかかわらず、区分所有者および議決権の各5分の4以上の賛成多数により、建替えができます。

　さらに団地形式のマンション（以下、「団地型マンション」といいます）の場合は、区分所有法62条の「建替え決議」と同法69条の「建替え承認決議」を用いることで団地内の一部の棟のみを建て替える「棟別建替え」や、同法70条の「団地内の建物の一括建替え決議」を用いることで団地内の全棟を建て替える「一括建替え」ができます。団地型マンション建替えの進め方については、国土交通省「団地型マンション再生マニュアル[7]」をご参照ください。なお、団地型マンションについては、令和2年（2020年）のマンション建替え等円滑化法改正により、敷地分割が可能になりました。

6　国土交通省「マンションの建替えに向けた合意形成に関するマニュアル」<https://www.mlit.go.jp/common/001064895.pdf>。

7　国土交通省「団地型マンション再生マニュアル」<https://www.mlit.go.jp/common/001064925.pdf>。

(4) 建物敷地売却（被災マンション法9条）、建物取壊し敷地売却（被災マンション法10条）

　本マニュアルで想定している敷地売却は、前述のように、建物取壊しの合意を得てマンションの敷地を更地にしてから、あらためて敷地売却の合意を行う、2度の合意を必要とする方法です。

　被災マンション法では、上記以外にも、建物が大規模一部滅失の場合に、一度の合意で、敷地売却まで行える以下2つの制度が用意されています。

　被災マンション法9条では、大規模一部滅失の場合に、区分所有者、議決権および当該敷地利用権の持分の価格の各5分の4以上の賛成多数により、建物を取り壊さず（建物を残したまま）、建物と敷地を一括売却する「建物敷地売却」ができます。

　被災マンション法10条では、大規模一部滅失の場合に、区分所有者、議決権および当該敷地利用権の持分の価格の各5分の4以上の賛成多数により、建物を取り壊したうえで、敷地を売却する「建物取壊し敷地売却」ができます。

　上記2つの方法は、東日本大震災でも熊本地震でも実施事例はありませんでした。

(5) マンション敷地売却決議（マンション建替え等円滑化法108条[8]）

　被災マンション法の建物取壊しや敷地売却以外にも、マンション建替え等円滑化法108条の「マンション敷地売却決議」があります。

　熊本地震ではSKマンションが、令和2年改正前のマンション建替え等円滑化法の「マンション敷地売却決議」による建物と敷地の一括売却を検討し

8　正式名称は、「マンションの建替え等の円滑化に関する法律」といいます。

ましたが、「要除却認定」を行うための時間と費用がかかることがわかり、被災マンション法の取壊しと敷地売却を選択しています。[9]

　したがって、政令で指定された災害によってマンションが被災している場合（第1章①(1)参照）には、マンション建替え等円滑化法の「マンション敷地売却決議」による建物敷地一括売却の選択は合理的とはいえません。

　逆に、被災の原因となった災害が政令で指定されなかった場合には、マンション建替え等円滑化法の「マンション敷地売却決議」による建物敷地一括売却を積極的に検討したほうがよいでしょう。

《参考法令》

区分所有法61条（建物の一部が滅失した場合の復旧等）

1　建物の価格の2分の1以下に相当する部分が滅失したときは、各区分所有者は、滅失した共用部分及び自己の専有部分を復旧することができる。ただし、共用部分については、復旧の工事に着手するまでに第3項、次条第1項又は第70条第1項の決議があつたときは、この限りでない。

区分所有法62条（建替え決議）

1　集会においては、区分所有者及び議決権の各5分の4以上の多数で、建物を取り壊し、かつ、当該建物の敷地若しくはその一部の土地又は当該建物の敷地の全部若しくは一部を含む土地に新たに建物を建築する旨の決議（以下「建替え決議」という。）をすることができる。

区分所有法69条（団地内の建物の建替え承認決議）

1　一団地内にある数棟の建物（以下この条及び次条において「団地内建物」という。）の全部又は一部が専有部分のある建物であり、かつ、その団地内の特定の建物（以下この条において「特定建物」という。）の所在する土地（これに関する権利を含む。）が当該団地内建物の第65条に規定する団地建物所有者（以下この条において単に「団地建物所有者」という。）の共有に属する場合においては、次の各号に掲げる区分に応じてそれぞれ当該各号に定める要件に該当する場合であつて当該土地（これに関する権利を含む。）の共有者である当該団地内建物の

9　折田泰宏「熊本地震による大規模被害マンションのその後の状況と課題」マンション学59号103頁〜112頁。

団地建物所有者で構成される同条に規定する団体又は団地管理組合法人の集会において議決権の４分の３以上の多数による承認の決議（以下「建替え承認決議」という。）を得たときは、当該特定建物の団地建物所有者は、当該特定建物を取り壊し、かつ、当該土地又はこれと一体として管理若しくは使用をする団地内の土地（当該団地内建物の団地建物所有者の共有に属するものに限る。）に新たに建物を建築することができる。

一　当該特定建物が専有部分のある建物である場合　その建替え決議又はその区分所有者の全員の同意があること。

二　当該特定建物が専有部分のある建物以外の建物である場合　その所有者の同意があること。

区分所有法70条（団地内の建物の一括建替え決議）

1　団地内建物の全部が専有部分のある建物であり、かつ、当該団地内建物の敷地（団地内建物が所在する土地及び第５条第１項の規定により団地内建物の敷地とされた土地をいい、これに関する権利を含む。以下この項及び次項において同じ。）が当該団地内建物の区分所有者の共有に属する場合において、当該団地内建物について第68条第１項（第１号を除く。）の規定により第66条において準用する第30条第１項の規約が定められているときは、第62条第１項の規定にかかわらず、当該団地内建物の敷地の共有者である当該団地内建物の区分所有者で構成される第65条に規定する団体又は団地管理組合法人の集会において、当該団地内建物の区分所有者及び議決権の各５分の４以上の多数で、当該団地内建物につき一括して、その全部を取り壊し、かつ、当該団地内建物の敷地（これに関する権利を除く。以下この項において同じ。）若しくはその一部の土地又は当該団地内建物の敷地の全部若しくは一部を含む土地（第３項第１号においてこれらの土地を「再建団地内敷地」という。）に新たに建物を建築する旨の決議（以下この条において「一括建替え決議」という。）をすることができる。ただし、当該集会において、当該各団地内建物ごとに、それぞれその区分所有者の３分の２以上の者であつて第38条に規定する議決権の合計の３分の２以上の議決権を有するものがその一括建替え決議に賛成した場合でなければならない。

被災マンション法４条（再建決議等）

1　敷地共有者等集会においては、敷地共有者等の議決権の５分の４以上の多数で、滅失した区分所有建物に係る建物の敷地若しくはその一部の土地又は当該建物の敷地の全部若しくは一部を含む土地に建物を建築する旨の決議（以下「再建決議」という。）をすることができる。

被災マンション法9条（建物敷地売却決議等）

1　第7条に規定する場合において、当該区分所有建物に係る敷地利用権が数人で有する所有権その他の権利であるときは、区分所有者集会において、区分所有者、議決権及び当該敷地利用権の持分の価格の各5分の4以上の多数で、当該区分所有建物及びその敷地（これに関する権利を含む。）を売却する旨の決議（以下「建物敷地売却決議」という。）をすることができる。

被災マンション法10条（建物取壊し敷地売却決議等）

1　前条第1項に規定する場合においては、区分所有者集会において、区分所有者、議決権及び敷地利用権の持分の価格の各5分の4以上の多数で、当該区分所有建物を取り壊し、かつ、これに係る建物の敷地（これに関する権利を含む。次項において同じ。）を売却する旨の決議（次項及び第3項において「建物取壊し敷地売却決議」という。）をすることができる。

マンション建替え等円滑化法108条（マンション敷地売却決議）

1　特定要除却認定を受けた場合において、特定要除却認定マンションに係る敷地利用権が数人で有する所有権又は借地権であるときは、区分所有者集会において、区分所有者、議決権及び当該敷地利用権の持分の価格の各5分の4以上の多数で、当該特定要除却認定マンション及びその敷地（当該敷地利用権が借地権であるときは、その借地権）を売却する旨の決議（以下「マンション敷地売却決議」という。）をすることができる。

第1章

建物取壊し

●建物取壊しの流れ

建物取壊しまでの取組みは、大きく「検討段階」「計画段階」「実施段階」の3段階に分かれます。

① 検討段階

　ここでは、被災したマンションが復旧／建替え／建物取壊し／その他のうち、どの方向性で合意形成を進めていくべきかを決定する推進決議（(7)）までの進め方について説明します。

(1) 政令指定の確認

(A) 取壊し決議の前提条件

「被災マンション法2条の災害として政令指定された災害[10]」により、マンションが被災したかどうかをまず確認します。

　被災マンション法11条の「取壊し決議」ができるのは、被災マンション法2条および7条により、以下の①と②の2点を満たしている場合に限られます。十分に注意して、確認してください。

取壊し決議ができる前提条件

①　「被災マンション法2条の災害として政令指定された災害」によって大規模一部滅失になっていること

②　政令指定（政令の施行）の日から1年以内

　すなわち、大規模な災害によって建物が大規模一部滅失（後記(2)）になったとしても、その災害が被災マンション法2条の災害として政令指定されていなければ、被災マンション法自体が適用されません（被災マンション法11条の取壊し決議はできません）。

10　次頁の「参考法令」に記した「平成25年政令第231号」（東日本大震災）や「平成28年政令第325号」（熊本地震）のように指定されます。

　　(B)　政令指定についての注意

　被災マンション法の平成25年改正（同年6月26日公布・施行）により「取壊し決議」や「敷地売却決議」などが創設されてから政令指定された災害は、令和2年8月現在、東日本大震災（平成25年政令第231号）と熊本地震（平成28年政令第325号）の2つだけです。

　なお、「激甚災害法に基づく激甚災害の政令指定」[11]とは全く別物ですので十分注意してください。熊本地震の際には、「政令指定」という言葉だけが一人歩きして、「激甚災害法に基づく激甚災害の政令指定」と混同している方が多くみられました。

《参考法令》

被災区分所有建物の再建等に関する特別措置法第2条の災害を定める政令（平成25年政令第231号。平成25年7月31日公布・施行）

　　内閣は、被災区分所有建物の再建等に関する特別措置法（平成7年法律第43号）第2条の規定に基づき、この政令を制定する。

　　被災区分所有建物の再建等に関する特別措置法第2条の災害として、東日本大震災（平成23年3月11日に発生した東北地方太平洋沖地震及びこれに伴う原子力発電所の事故による災害をいう。）を定める。

被災区分所有建物の再建等に関する特別措置法第2条の災害を定める政令（平成28年政令第325号。平成28年10月5日公布・施行）

　　内閣は、被災区分所有建物の再建等に関する特別措置法（平成7年法律第43号）第2条の規定に基づき、この政令を制定する。

　　被災区分所有建物の再建等に関する特別措置法第2条の災害として、平成28年熊本地震による災害を定める。

被災マンション法2条（敷地共有者等集会等）

　　大規模な火災、震災その他の災害で政令で定めるものにより建物の区分所有等に関する法律（昭和37年法律第69号。以下「区分所有法」という。）第2条第3項に規定する専有部分が属する一棟の建物（以下「区分所有建物」という。）の全部が滅失した場合（その災害により区分所有建物の一部が滅失した場合（区分所

11　（注4）参照。

有法第61条第1項本文に規定する場合を除く。以下同じ。）において、当該区分
所有建物が第11条第1項の決議又は区分所有者（区分所有法第2条第2項に規定
する区分所有者をいう。以下同じ。）全員の同意に基づき取り壊されたときを含
む。）において、その建物に係る敷地利用権（区分所有法第2条第6項に規定す
る敷地利用権をいう。以下同じ。）が数人で有する所有権その他の権利であった
ときは、その権利（以下「敷地共有持分等」という。）を有する者（以下「敷地共
有者等」という。）は、その政令の施行の日から起算して3年が経過する日まで
の間は、この法律の定めるところにより、集会を開き、及び管理者を置くこと
ができる。

被災マンション法7条（区分所有者集会の特例）

　第2条の政令で定める災害により区分所有建物の一部が滅失した場合におい
ては、区分所有者は、その政令の施行の日から起算して1年を経過する日まで
の間は、この法律及び区分所有法の定めるところにより、区分所有法第34条の
規定による集会（以下「区分所有者集会」という。）を開くことができる。

(2)　大規模一部滅失の確認

(A)　大規模一部滅失に適用

被災したマンションが大規模一部滅失となっているかどうかを確認します。

　被災マンション法2条の災害として政令指定された災害（前記(1)参照）に
よってマンションが被災したとしても、その災害によって建物が「大規模一
部滅失」の被害を受けていなければ、被災マンション法自体が適用されませ
ん（被災マンション法11条の取壊し決議はできません）ので注意してください。

(B)　用語の定義・解説

　「滅失」とは、物の効用が消滅することをいい、建物が物理的に消滅する
場合に限りません。建物の外観上は住めるようであっても、建物の内部が使
用できない状況であれば滅失したといえます。[12]

　「全部滅失」とは、区分所有建物の主要な部分が焼失し、社会的、経済的

12　稲本洋之助＝鎌野邦樹『コンメンタールマンション区分所有法〔第3版〕』359頁〜360頁。

にみて、建物の全体としての効用が失われた場合のことをいいます。

「一部滅失」とは、区分所有建物の主要な部分について効用が失われたが、建物全体としてはなお効用を維持している場合のことをいいます。

「大規模一部滅失」（「大規模滅失」という場合もあります）とは、建物の価格の2分の1超に相当する部分が滅失した場合のことをいいます。

「小規模一部滅失」（「小規模滅失」という場合もあります）とは、建物の価格の2分の1以下に相当する部分が滅失した場合のことをいいます。小規模一部滅失の場合は、被災マンション法が適用されません。

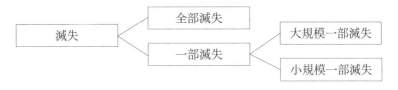

(C)　全部滅失／大規模一部滅失／小規模一部滅失の判断

被害のレベルが全部滅失、大規模一部滅失、小規模一部滅失のいずれに該当するかといった判断は、区分所有者で決定することになります。

たとえば、全部滅失と判断した場合、区分所有法の規定によれば、管理組合が存在しないことになってしまい、その後の意思決定が困難になる可能性があります（区分所有法3条では、区分所有建物があることが、建物管理をする団体（＝管理組合）を組織する前提となっています）。そのため、全部滅失といえる状態にあったとしても、あえて大規模一部滅失と判断し、管理組合を存続させて、今後の意思決定を行っていくことが合理的な場合があります。[13]

13　公費解体（後記(4)）との関係においても、全部滅失と判断した場合に、使用できない建物の撤去に公費解体制度が適用されるか否か未解決の問題もあります。熊本地震では、公費解体申請（あくまでも申請するだけ）の際に全員の同意書または被災マンション法11条建物取壊し決議の議事録の提出が必要でしたが、全部滅失と判断すると取壊し決議をすることができないという問題が生じるため、大規模一部滅失と判断したという経緯があります。

　一方で、判断について区分所有者間に争いが生じた場合には、たとえば、大規模一部滅失にあたるとしてなされた取壊し決議について、決議無効確認訴訟が提起されるなどして、裁判所の判断で決せられることがあります。[14]

　阪神・淡路大震災では、参考として、公益社団法人日本不動産鑑定士協会連合会により、大規模一部滅失と小規模一部滅失を区別するための簡易の判定マニュアルが作成、発表されました。このマニュアルによれば、建物の再調達価格から経年減価を控除した額を一部滅失前の建物全体の価格とし、復旧に必要な補修費の見積額を比較して、後者が前者の2分の1超であれば大規模滅失とするものです。

(D)　大規模一部滅失である旨の決議は必要か[15]

　大規模一部滅失である旨の決議は、特に必要ではないと考えられています。

　被災後の混乱状況であっても、少なくとも、「大規模一部滅失」の言葉と、建築士や不動産鑑定士から得られた概算の数値または意見とその根拠は、議案書に記載したほうがよいでしょう。

【参考】　大規模一部滅失／小規模一部滅失の計算例[16]

＜例1＞

・竣工後25年の新耐震基準マンション、総戸数50戸、1戸あたり1000万円で中古取引、敷地550坪、土地価格1坪あたり30万円。

・ここで、せん断破壊や受水槽の破損、柱の損傷など1戸あたり250万

14　篠原みち子「被災マンション法における建物取壊し決議とこれに係る問題点等」（大和ライフネクスト「平成28年度マンション管理適正化・再生推進事業」）54頁。

15　篠原みち子「被災マンション法における建物取壊し決議とこれに係る問題点等」マンション学59号56頁。

16　篠原みち子「被災マンション法における建物取壊し決議とこれに係る問題点等」（一般社団法人マンション管理業協会「平成29年度マンション管理アドバンス研修資料」篠原みち子弁護士作成パワーポイント資料）。

円を超える復旧費用がかかる場合。

・マンション全体の価値＝1000万円×50戸＝5億円

・被災に伴う下落を20％とすると4億円

・土地価格＝550坪×30万円＝1億6500万円

・建物の価格＝4億円－1億6500万円＝2億3500万円

・建物の価格の半分＝2億3500万円÷2＝1億1750万円

・復旧工事費用（1戸あたり250万円として）＝250万円×50戸＝1億2500万円

・（安めに見積もっていても）復旧工事費用＞建物の価格の半分なので、大規模一部滅失

＜例2＞

・竣工後25年の新耐震基準マンション、総戸数50戸、1戸あたり2500万円で中古取引、敷地550坪、土地価格1坪あたり120万円。

・ここで、せん断破壊や受水槽の破損、柱の損傷など1戸あたり250万円を超える復旧費用がかかる場合。

・マンション全体の価値＝2500万円×50戸＝12.5億円

・被災に伴う下落を20％とすると10億円

・土地価格＝550坪×120万円＝6億6000万円

・建物の価格＝10億円－6億6000万円＝3億4000万円

・建物の価格の半分＝3億4000万円÷2＝1億7000万円

・復旧工事費用（1戸あたり300万円として）＝300万円×50戸＝1億5000万円

・（高めに見積もっていても）復旧工事費用＜建物の価格の半分なので、小規模一部滅失

(3) 地震保険の確認

　管理組合として共用部分の地震保険を契約している場合、被災の程度（全損／大半損／小半損／一部損）に応じて保険金[17]が管理組合に支払われます。保険金収入の額は、今後の復旧／建替え／建物取壊し／その他の比較検討に大きくかかわってきますので、必ず確認してください。

> **Point** 地震による火災は、地震保険に加入している場合にのみ補償されます
>
> 　火災保険は、火災や風水害などの自然災害によって建物に損害が発生した場合に、その損害を補償するものです。しかし、地震による火災は、地震保険に加入している場合のみ補償されますので、注意してください。

17　保険に関する用語については、わかりにくいもの、間違えやすいものもありますので、以下を確認してください。

　　保険料：契約者が保険会社に払い込む掛け金。保険料の支払方法には、月払い、半年払い、年払い、前納払い、一時払いといった種類がある。

　　保険金：保険会社から保険金受取人に支払われる金銭。

　　保険金額：保険会社が被保険者に支払う保険金の上限額のこと。保険契約の際に取り決める。「保険をいくら付けるか」というときの「いくら」にあたる契約金額。

　　保険価額：保険を付ける物（住宅など）の価額（評価額）のこと。通常は時価額。

　　時価額：事故によって失われた保険の目的（保険契約の対象となる住宅など）と同等の物を新たに建築あるいは購入するのに必要な金額（再調達価額）から使用による消耗分（減価償却）を差し引いた金額のこと。

　　保険料率：保険商品の単価であり、通常、保険金額1000円に対する1年間分の保険料の割合で表示される。

　　付保（ふほ）割合：保険契約に際し、保険価額（評価額）に対し実際に保険金額を付ける割合。

> **Point**　地震保険は、火災保険に付帯して（火災保険とセットで）契約
> します
>
>   地震保険は、地震・噴火またはこれらによる津波によって建物に損害
> が発生した場合に、その損害を補償するものです。地震保険は単独では
> 契約できません。火災保険に付帯して（火災保険とセットで）契約するこ
> とになっていますので、注意してください。

【参考】　地震保険の「損害の程度」と「保険金」（平成29年1月以降が地震
　　　　保険期間始期日の契約）

損害の程度	保険金	状態（建物については次のいずれかの場合）
全損	保険金額の100%	1．主要構造部の損害額が建物の時価の50％以上の場合 2．焼失・流失した床面積が建物の延床面積の70％以上の場合
大半損	保険金額の60%	1．主要構造部の損害額が建物の時価の40％以上50％未満の場合 2．焼失・流失した床面積が建物の延床面積の50％以上70％未満の場合
小半損	保険金額の30%	1．主要構造部の損害額が建物の時価の20％以上40％未満の場合 2．焼失・流失した床面積が建物の延床面積の20％以上50％未満の場合
一部損	保険金額の5%	1．主要構造部の損害額が建物の時価の3％以上20％未満の場合 2．物が床上浸水または地盤面から45cmを超える浸水を受け損害が生じた場合で、全損・半損に至らないとき

※地震保険の鑑定区分（損害の程度）と被災マンション法の判定区分、罹災証明の判定区分はそれぞれ別物です。

※※地震保険金額の限度額は火災保険金額の30～50％です。

(4) 公費解体制度の確認

(A) 公費解体制度とは

被災したマンション（建物）を取り壊す場合に、取壊しの工事費用を管理組合（区分所有者間）で負担する自費解体のほかに、自治体（市区町村）が負担する公費解体が行われる場合があります。管轄の自治体で公費解体制度が設けられているかを確認してください。

公費解体制度は、環境省管轄の災害廃棄物処理事業の補助制度です。

> **Point** 申請条件が厳しい場合や申請期間が短い場合があります
>
> 建物解体費用を自治体が負担する公費解体制度はぜひとも活用したい制度ですが、申請条件が厳しい場合や申請期間が短い場合等があります。この段階で、被災したマンションが立地する自治体の公費解体制度をしっかりと確認しておくことが必要です。

(B) 公費解体の申請期限

公費解体には申請期限が定められていますので、確認してください。東日本大震災や熊本地震では、発災から1年半後が申請期限でした（当初1年間でしたが、後に半年延長しました）。

(C) 公費解体の申請条件

公費解体の申請には、以下の提出が求められる場合があります。自治体によって①～⑥のどれが求められるかは異なりますので、この点についても注意して確認してください。

① 建物取壊しについての区分所有者全員からの同意書

② 残置物（住戸内に残された家財等）処分について区分所有者全員からの同意書

③ 区分所有法62条の建替え決議を可決したことが記載されている議事録

④ 被災マンション法11条の取壊し決議を可決したことが記載されている議事録

⑤ 抵当権者全員からの同意書

⑥ 賃借人全員からの同意書

②が必要となるのは、取壊し決議は「建物の取壊し」について効力をもちますが、「住戸内に残された家財の処分」にまでは効力が及ばないと解されるためです。

なお、公費解体の対象となるのは、建物の地上部分です。したがって、杭（くい）や基礎、地下部分は公費解体の対象とはならず、自費解体して売却するか、それらが残ったままの敷地を売却するかのいずれかを選択することとなります。

(D) 自費解体後の公費助成

一方で、公費解体とは別に、自費解体した場合に、後から解体費用が自治体から交付される「公費助成」を受けられる場合があります。東日本大震災で1例、熊本地震で1例の実施がありましたが、いずれも自治体が設けた制度ではなく、それぞれの被災マンションに自費解体せざるを得ない事情があったため、管理組合が自ら仙台市や熊本市との交渉を行い実現したものです。

【参考】 全員の同意書が揃わない段階で解体し、公費助成が行われた事例

仙台市のHSマンションでは、行方不明の区分所有者がいたため、弁護士に捜索を依頼しましたが見つかりませんでした。一方で、建物をそ

のまま放置すると、壁の崩落等により隣接する小学校と病院に被害を及
ぼす危険がありました。これらの状況を勘案し、仙台市は、全員の同意
書が揃わない解体であっても、公費助成を受け付けてくれました。

【参考】　自費解体後に公費助成を受けた事例

　仙台市のＨＳマンションは、自費解体後に公費助成を受けています。
ＨＳマンションでは、敷地売却の際に高い値段で売却するため、地上部
分だけではなく、基礎部分（基礎・杭）の解体も行う必要があり、自費
解体を行ったうえで、地上部分の解体費用の公費助成を受ける約束を取
り付けています。

　熊本市のＳＳマンションは、公費解体か自費解体かで悩んだ結果、自
費解体を選択したマンションです。地震保険は、支払われた保険金が、
あらかじめ定められた保険金額に達した時点で終了します。全損（26頁
参照）の場合には、もう一度地震がきても、二度目の保険金は下りません。
全損の地震保険が下りたＳＳマンションでは、公費解体を待っているま
での間に、大きな余震がきてマンションの前の道路を通行している人に
外壁が落下しても、追加の保険金は下りないということになります。こ
のことは、ＳＳマンションにとって大きな不安要素となりました。当時、
公費解体の受付が始まっておらず、また、公費解体は申請手続を含めて
時間がかかることも予想されたため、ＳＳマンションでは、公費解体よ
りも早く工事に着手できる自費解体を選択することになりました。さら
に、ＳＳマンションでは熊本市と交渉を行い、事情を説明したうえで、「解
体費用はいったん自己負担とするが、後に公費で補填する」ことの約束
を取り付けることができました。このように、公費解体か自費解体かは、
そのマンションの被災状況や、地震保険などの諸要素もいっしょに勘案

する必要があるといえます。[18]

【参考】　仙台市の公費解体制度[19]

＜申請期限＞

　平成23年3月11日に発生した東日本大震災では、仙台市は当初、公費解体申請期限を平成24年3月30日としていましたが、その後、同年9月28日まで延長しました。さらに、平成25年7月31日に東日本大震災が被災マンション法適用の政令指定を受けたため、仙台市ではマンションに限り、同日から翌年（平成26年）7月30日までを、公費解体申請の特例期間としましたが、申請するマンションはありませんでした。

＜申請に必要なもの＞

　被災マンション法改正前は、建物を取り壊すには、民法に基づく区分所有者全員の同意または区分所有法に基づく建替え決議が必要でした。したがって、公費解体申請に必要なものは以下の2点でした。

　①　「区分所有者全員からの同意書」または「区分所有法に基づく建替え決議の議事録」

　②　「賃借人全員の同意書」

　被災マンション法改正後は、改正法に基づく取壊し決議でも、建物を取り壊すことが可能となりました。したがって、公費解体申請に必要なものは、以下の2点となりました。

　①　「区分所有者全員からの同意書」、「区分所有法に基づく建替え決

18　熊本地震で被災したマンションの建物取壊し・敷地売却支援を行った久保依子氏（大和ライフネクスト株式会社）の発言より。小杉学「〈速報〉マンション管理シンポジウム『熊本被災マンションの復興を目指して』」マンション学59号117頁。

19　仙台市環境局「東日本大震災における震災廃棄物処理の記録」（平成28年3月）207頁～209頁。

議の議事録」、「改正被災マンション法に基づく取壊し決議の議事録」
のうちのいずれか1つ

② 「賃借人全員の同意書」

　一方で、仙台市は全員同意を基本としながらも、相続手続未完了や
区分所有者との連絡がとれない場合などは、区分所有者の親族の同意を
もって区分所有者の同意に代えることを認めるなど、柔軟に対応しまし
た。

＜仙台市における分譲マンションの解体件数＞

区　分	公費解体	公費助成
民法全員同意による取壊し	3件	1件
区分所有法5分の4以上の所有者同意による建替え	1件	0件
被災マンション法5分の4以上の所有者同意による取壊し	0件	―

【参考】　熊本市の公費解体制度

＜申請に必要なもの＞

　以下3点です。

① 「区分所有者全員からの建物の解体（住戸内残置物処分を含む）の同意
　書」[20] および印鑑証明書

② 「抵当権者全員からの同意書」

③ 「賃借人全員からの同意書」

＜申請期限＞

　平成28年4月14日および16日に震度7を観測した熊本地震では、熊
本市は当初、公費解体申請期限を平成29年3月31日としていましたが、

20　折田泰宏「被災マンションにおけるマンション再生の諸事例と課題──立法、行政へ
　の政策提言に向けて」マンション学63号41頁。

　その後、マンションに限り、申請期限を平成29年10月4日まで延長しました。

　ただし、申請の意向はあるものの、合意形成が進まないため全員からの同意書を提出できない場合については、提出期限である平成29年10月4日に、同意書や議事録がなくても、理事長による申請を仮受付し、同年12月末日までに、区分所有者全員からの同意書を提出すればよい、ということになりました。

【参考】　熊本市・公費解体受理の条件についての考え方[21]

　公費解体受理の条件については、仙台市が柔軟な対応を示したこととは対照的に、熊本市は慎重な対応を示しました。そのため、一般社団法人日本マンション学会、特定非営利活動法人熊本県マンション管理組合連合会、一般社団法人日本マンション管理士会連合会では、柔軟な対応を求めて、平成29年7月24日に熊本市環境局資源循環部震災廃棄物対策課との協議を行いましたが、不調に終わり、熊本市はあらためて、以下の考え方を示しています。

　1　区分所有者の同意書の要否について
・公費解体の申請を受け付けるにあたり、取壊し決議の賛成者の同意書も必要とする。その理由は、建物の中の残置物の処分については、取壊し決議とは別に、同意が必要と考えるからである。
・取壊し決議に反対した者については、適法に催告・売渡請求権の行使をし、時価相当額の支払いまたは供託をした場合には、同意書の提出は不要である。

21　折田・前掲（注9）110頁。

2　公費解体申請の期限について

・公費解体の申請の期限は平成29年10月４日としているが、これ以上の延長はしない。

・平成29年10月４日までに、取壊し決議さえ済ませていれば、同意書が揃っていなくても、申請を仮受付する。その後、全員の同意書（反対者に対する時価相当額の支払いまたは供託を含む）が揃った段階で、工事着工する。

・同意書が揃わない等の問題については、個別具体的に相談してほしい。なお、取壊し決議から反対者への時価相当額の支払いまたは供託までにかかる時間は、おおむね３カ月程度とみている。

3　決議に賛成したのに同意書を出してもらえない場合の対応について

・決議に賛成したのに同意書を出してもらえない問題についても、具体的に相談してほしい。なお、「市が残置物を問題視しているのであれば、残置物撤去の仮処分決定で同意書に代えることができるか」との質問があったが、具体的な事情に応じて対応する。

4　抵当権者の同意について

・抵当権者の同意書は必要である。

5　平成29年10月４日までに取壊し決議ができない場合の対応について

・平成29年10月４日までに取壊し決議ができない場合の対応については、現時点では市としての姿勢・考えを明言することはできない。個別具体的に相談してほしい。しかし、「方向性が決まらず迷っている」との事情はそもそも制度趣旨からして理由にならない。

　熊本市としては、10月４日までに完了するべく、１件１件、該当する可能性のあるマンションの代表者を調べて、事情を聞き

に行っている。情報提供は早くしてほしい。

6　区分所有法による建替えの場合の公費解体の適用について

区分所有法による建替えの場合も公費解体の適用はある。この場合は10月4日までに建替え決議がなされる必要がある。等価交換方式での建替えの場合は、実質的に管理組合、区分所有者の利益で建替えが実施される計画であれば、公費解体の適用はある。

(5)　大規模一部滅失時の買取請求期限の確認

区分所有法61条12項では、建物が大規模一部滅失した場合、その日から6カ月以内に復旧決議か建替え決議がないときは、区分所有者は自分が所有する区分所有権と敷地利用権を他の区分所有者に買い取ってもらう請求（＝買取請求）ができます。

しかし、災害時に復旧や建替えを短期間で決議することは困難です。そこで、被災マンション法12条では、被災マンション法2条の政令指定災害によって建物が大規模一部滅失した場合には、その政令が施行された日から1年以内に、復旧、建替え、取壊し、敷地売却等の決議がないときは、区分所有者は自分が所有する区分所有権と敷地利用権について、他の区分所有者に対して買取請求をすることができると定めています。

すなわち、政令指定の災害によって大規模一部滅失したマンションでは、政令が施行された日から1年以内に敷地売却決議（または復旧、建替え等の決議）が行われなかった場合は、このマンションから離脱しようと考える区分所有者から、誰か他の区分所有者が買取請求される可能性があります。

《参考法令》

区分所有法61条（建物の一部が滅失した場合の復旧等）

12　第５項に規定する場合〔＝大規模一部滅失した場合〕において、建物の一部が滅失した日から６月以内に同項〔＝復旧決議〕、次条第１項〔＝建替え決議〕又は第70条第１項〔＝一括建替え決議〕の決議がないときは、各区分所有者は、他の区分所有者に対し、建物及びその敷地に関する権利を時価で買い取るべきことを請求すること〔＝買取請求〕ができる。

被災マンション法12条（建物の一部が滅失した場合の復旧等に関する特例）

　　第２条の政令で定める災害により区分所有建物の一部が滅失した場合についての区分所有法第61条第12項の規定〔＝６カ月以内に建替え決議または一括建替え決議がなければ買取請求ができる〕の適用については、同項中「建物の一部が滅失した日から６月以内に」とあるのは「その滅失に係る災害を定める被災区分所有建物の再建等に関する特別措置法（平成７年法律第43号）第２条の政令の施行の日から起算して１年以内に」と、「又は第70条第１項〔＝一括建替え決議〕」とあるのは「若しくは第70条第１項〔＝一括建替え決議〕又は同法〔＝被災マンション法〕第９条１項〔＝建物敷地売却決議〕、第10条１項〔＝建物取壊し敷地売却決議〕、第11条第１項〔＝取壊し決議〕若しくは第18条１項〔＝団地内の建物が滅失した場合における一括建替え等決議〕」とする。

⑹　方向性の比較検討

　理事会または専門委員会[22]で、復旧するか、建て替えるか、建物を取り壊すか、または、その他の方法を選択するか、今後の方向性を比較検討します。

　東日本大震災や熊本地震で大規模一部滅失した多くのマンションでは、この段階で、①復旧、②建替え、③建物取壊しの３つの方向性を検討しています。

　その他の方向性として、④建物を取り壊さず建物と敷地を同時に売却（被災マンション法９条「建物敷地売却決議」）、⑤建物を取り壊して敷地を売却（被

22　マンション標準管理規約では、理事会決議で専門委員会の設立ができると定めています。マンション標準管理規約（単棟型）55条１項「理事会は、その責任と権限の範囲内において、専門委員会を設置し、特定の課題を調査又は検討させることができる」。

災マンション法10条「建物取壊し敷地売却決議」）が理論上は考えられます。その場合、買取請求期限（前記(5)）でも確認したように、政令指定から１年以内にこれらの決議を行わなければなりません。そして、これらの決議を行うためには、この期間内に敷地の買主を選定し、敷地売却予定額を定めなければなりません。これらのことを考えると、④と⑤の実施は不可能ではありません[23]が、一般には困難が予想されますので十分に注意してください。

　東日本大震災や熊本地震では、③建物取壊しを選択したマンションのほとんどが、この段階で、最終的には敷地を売却することを想定しています。したがって、③建物取壊しを検討する際は、あわせて、建物取壊し後に敷地を売却するのか、それとも、建物取壊し後に「再建」（第２章①(4)）の可能性があるのかについても、検討しておくとよいでしょう。

　復旧／建替え／建物取壊しのうち、高額な建替え費用を区分所有者間で負担することが困難なため、費用負担が比較的容易な「復旧」を選択することがよくあります。しかし、「公費解体制度」「応急仮設住宅」「地震保険」の３点セットが揃う場合は、「復旧」ではなく、「建物取壊し」を選択することが合理的な場合があります。まず、公費解体制度により、取壊し費用が発生しません（ただし、地上部分）。そして応急仮設住宅の制度があれば、マンションを取り壊しても一定期間無償で住宅を借りることができます。さらに、地震保険金が入れば、その分配金を得ることができます。

> **Point**　仮設住宅の申請期限
>
> 　東日本大震災や熊本地震では、復旧か取壊しかで合意形成に時間がかかる場合、ようやく建物取壊しの合意ができたときには仮設住宅の申請期限が到来しているということがありました。十分に注意してください。

23　たとえば、都心部などで、敷地を相当高い価格で購入する買主が存在する場合は可能性があると考えられます。

【参考】 東日本大震災で被災したＳＴマンションが当時行った比較検討

　ＳＴマンションでは、当時建替え見込額を30億円、1戸あたり約1600万円と試算しました。しかし、高齢の区分所有者が多く、1戸あたり1600万円の費用負担が困難であることが大きな理由となり、建替えの方向性は区分所有者から支持されませんでした。

　被災した建物が傾斜していたため、復旧する場合は基礎杭からの補修となり、膨大な補修費用が予想されること、そのうえで、旧耐震の建物であったため、耐震改修も必要となること、補修したとしても、再び震災があった場合の安心・安全への不安があることから、補修の方向性も区分所有者からは支持されませんでした。

　建物取壊し費用は、約2億円と試算されましたが、公費解体制度を用いることで区分所有者の負担はなくなること、取り壊した後に敷地を売却すればその売得金が分配されるということで、建物取壊しの方向性が区分所有者から支持されました。

　仮に、公費解体制度がなかった場合には、敷地の売却価格よりも取壊し費用のほうが高額であったため、敷地を売却できたとしても、旧区分所有者間で取壊し費用を負担しなければならない状況でした。

　ちなみに、ＳＴマンションでは、地中の基礎や杭の解体・撤去は行いませんでしたが、敷地の買主はそれらが残ったまま敷地を購入しています。

(7)　取壊し推進決議

(A)　推進決議とは

理事会または専門委員会で、復旧するか、建て替えるか、建物を取り壊すか、または、その他の方法を選択するか、今後の方向性を比較検討（前記(6)

したうえで、臨時総会（タイミングがあえば通常総会でもかまいません）で比較データを提示し、管理組合として、どの方向性で合意形成を進めていくか、「推進決議」という形で確定します。

　建物取壊しで進めていく場合は、区分所有者および議決権の各4分の3以上の多数による「取壊し推進決議」とすることが望ましいと考えられます。「推進決議」は、区分所有法や被災マンション法に規定されているものではないので、過半数決議でもかまいません。しかし、「取壊し決議」が区分所有者および議決権の各5分の4以上の多数による賛成が必要となることを考えますと、この時点で区分所有者および議決権の各4分の3以上の合意を得ておく必要があると思われます。

　なお、推進決議で行うのは、今後の決議に向けた「方向性の確定」であり、復旧決議、建替え決議、取壊し決議とは異なりますので、十分に注意してください。特に、一般の区分所有者に、「取壊し推進決議（方向性の確定）」と「取壊し決議（実施することの確定）」の違いが正確に伝わらないと、無用な混乱を招き、今後の合意形成上の障害となるおそれがあります。区分所有者には、「推進決議」はあくまでも「方向性を確定した段階」であることを明確に伝える必要があります。

　推進決議を行わず、理事会で一方的に方向性（復旧／建替え／建物取壊し）を確定すると、一部の区分所有者からの反発（特に感情的な反発）を招き、今後の合意形成を進めるうえでの障害となるおそれがあります。このような障害が発生することを予防するために、法で定められている決議ではありませんが、実務的には推進決議の場を設けることが一般的です。

　なお、区分所有者と理事会の間に十分な信頼関係があり、迅速に合意形成を進める必要がある場合は、理事会が独断で方向性を確定するほうが適切な場合もあります。状況に応じて判断を行ってください。

【参考】 国土交通省「マンションの建替えに向けた合意形成に関するマニュアル」における「推進決議」の位置づけ（引用）[24]

　建替えを選択する場合、「管理組合として、建替え決議に向けて本格的に建替え計画の検討を行っていく」旨を理事会が議案として提起し、管理組合の集会（総会）において決議を行うこととなります。これを一般に「建替え推進決議」と称します。区分所有法で定められている手続ではありませんが、こうした決議を行い、合意形成を着実に進めていくことが望ましいと考えられます。

(B) 建物取壊しと敷地売却をセットで推進決議する

　建物取壊しの推進決議を行う段階で、取壊し後の敷地売却をすでに予定している場合は、建物取壊しと敷地売却をセットで推進決議しておくと、取壊し後の敷地売却に向けた合意形成を円滑に進めていくことができます。

　また、この時点で、一般社団法人の設立（第2章③(7)）についても、検討を始めるとよいでしょう。

24　国土交通省「マンションの建替えに向けた合意形成に関するマニュアル」（平成22年7月改訂）19頁。

② 計画段階

　ここでは、前記①(7)の「建物取壊し推進決議」により、建物取壊しを今後の方向性として確定したことを前提として、「取壊し決議」までの建物取壊し計画の進め方について説明します。

(1) 公費解体／自費解体の検討

　理事会または専門委員会で「建物取壊し」を公費解体で行うのか、自費解体で行うのかを検討します。

　被災の原因となった災害が政令指定され、自治体により公費解体制度が用意されている場合は、区分所有者で解体費用を負担する必要のない、公費解体を選択することが一般的です。

　公費解体の申請には、建物取壊しについての区分所有者全員からの同意書や、被災マンション法11条の取壊し決議を可決したことが記載されている議事録を提出することが必要となる場合があります（前記①(4)参照）。

　公費解体制度を利用する場合は、解体工事の発注者が自治体となるため、他の被災マンションの解体との関係で、解体時期が遅くなる可能性もあります。したがって、早期解体の必要がある場合は、自費解体を選択するほうが合理的な場合もあります。さらに、自費解体をする場合には、自費解体を行った後から解体費用が支給される「公費助成（費用償還）」の制度を利用できる場合があります（前記①(4)参照）。

> **Point**　罹災証明の確認
>
> 　東日本大震災と熊本地震では、公費解体が適用されるのは、罹災証明によって、全壊、大規模半壊、あるいは「半壊以上で取り壊さざるを得ない場合」でした。公費解体の適用条件は変わりますので条件を確認す

るとともに、そのマンションの罹災証明の内容に適合するかを確認して
ください。なお、罹災証明の判定基準と被災マンション法の判定基準は
それぞれ別物です。

(2)　取壊し決議／全員同意の検討

　理事会または専門委員会で、「建物取壊し」の合意を、被災マンション法
11条「取壊し決議」で行うのか、民法による全員同意で行うのかを検討します。

　全員同意の場合は、被災マンション法の「取壊し決議」を行わなくとも、
区分所有者全員からの同意書を取り付けることで、建物の取壊しが法的にも
保証されます（民法251条の共有物の変更）。

　取壊し決議は、区分所有者および議決権の各5分の4以上の多数で決議で
きます。しかし、単純にこの決議要件を満たすだけでは、取壊し決議は有効
とはならないので注意が必要です。たとえば、取壊し決議では、「区分所有
建物の取壊しに要する費用の概算額」と「費用の分担に関する事項」が定め
られている必要があります。また、決議を行う総会の招集通知を少なくとも
決議の2カ月前までに発しなければならない（後記(7)参照）ことや、決議を
行う総会とは別に、取壊し決議に関する説明会を少なくとも決議の1カ月前
までに開催しなければならない（後記(8)参照）といった、細かい要件をすべ
て満たす必要があります。

　取壊し決議は政令施行から1年以内に行う必要があります（前記[1](1)参照）。
しかし、決議集会の2カ月前までに取壊し決議集会（総会）の招集通知を発
しなければならない（後記(7)参照）ため、実質的には政令指定から10カ月以
内に議案を確定しなければなりません。その10カ月の間には、「取壊しを必
要とする理由」だけではなく、「建替えをしない理由」や「建替えをする場合
の費用の概算額」等についても、区分所有者にわかるような資料を整えてお
く必要があります。

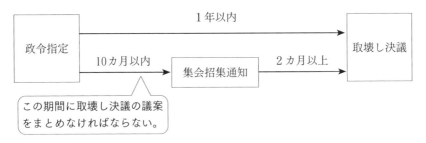

この期間に取壊し決議の議案をまとめなければならない。

　全員同意の可能性がある場合は、上記のように手続が煩雑な取壊し決議（招集通知から決議までに少なくとも2カ月はかかります）よりも、全員同意を選択したほうが、より迅速に、より簡便に合意形成が進むと考えられます。しかし、1人でも反対者がいる場合や所在不明者がいるなどの場合には取壊しができなくなるので、被災マンション法の取壊し決議を行う場合を参考にしながら、慎重に取壊しの趣旨や理由を説明する必要があります。

⑶　賃借人対策

　賃借人への立退き要求は、賃貸人である区分所有者に、それぞれ対応してもらうことになります。

　建物が全部滅失した場合には、賃借する対象物がなくなるため、民法上の原則では、そこで借家契約は終わりになります。一般には、「自然災害で建物が全部滅失した場合は、賃貸借契約は解消される」と、賃貸借契約の条文に盛り込まれています。

　大規模一部滅失での全員同意または取壊し決議による建物取壊しの場合には、一般的には、賃貸人である区分所有者が賃借人と賃貸借契約の合意解約を行うことになります。

　賃借人が巨額の立退料を管理組合に要求（ゴネ得ねらいの補償金を要求）してくることも考えられます。その場合でも管理組合は要求に応じないよう注意しましょう。

　東日本大震災では、賃借人による合意形成の妨害や、立退料要求はありま

せんでした。賃借人はいずれも、義援金や生活再建支援金をもらって、家賃無料の応急仮設住宅（みなし仮設住宅／プレハブ仮設住宅）に入居することを選択して、積極的に立ち退いています。

【参考】　店舗部分の借家人に対して管理組合が見舞金を支給

　東日本大震災で被災したＨＳマンションでは、1階店舗部分の賃借人に対して管理組合が見舞金（50万円×9戸）を支払っています。

　店舗に対しては、住宅を対象とした制度である生活再建支援金（最高300万円）が支給されず、住宅応急修理制度（最高52万円）も利用できないため、店舗賃借人の不平等感解消と、円滑な立退きを促すために、見舞金として支払っています。

　この見舞金の効果であるか否かは確認できませんでしたが、結果として、店舗賃借人はすべて円滑な立退きに協力してくれました。

【参考】　取壊し後に再建や建替えをする場合には賃借人は一定の保護を受けられます

　敷地売却ではなく、再建や建替えをする場合で、政令により指定された一定の地区（指定地区）に「大規模な災害の被災地における借地借家に関する特別措置法」（被災借地借家法）が適用された場合には、賃借人は一定の保護を受けることになります。

　「従前の賃貸人による通知制度」（被災借地借家法8条）では、被災前にマンションで住戸を賃貸していた者（従前の賃貸人）が、政令施行の日から3年以内に、再建や建替えがなされたマンションで再び住戸を賃貸しようとして、賃貸借契約締結の勧誘をしようとするときは、被災前のマンションで取壊し当時の賃借人のうち知れている者（所在がわかる者、通知することができる者）に対して、遅滞なくそのことを通知しなければな

りません。

【参考】 借家人の「優先借地権」や「優先借家権」が定められた罹災法は
廃止されました

阪神・淡路大震災、新潟県中越地震で適用された「罹災都市借地借家
臨時処理法」(罹災法)は、現在廃止されています(平成25年9月25日の被
災借地借家法の施行と同時に廃止されました)。

罹災法廃止以前は、政令により罹災法が適用されることになった場合、
滅失した建物の借家人は、借りていた建物が天災で倒壊や焼失した場合
に、再築された建物を借家人が優先的に借りられる「優先借地権」(罹災
法2条1項~3項)や、建物が借地上にあった場合は復興時に優先的に
借地権が与えられる「優先借家権」(同法14条)がありましたが、現在こ
れらの制度は廃止されていますので注意してください。

《参考法令》

被災借地借家法8条(従前の賃借人に対する通知)

特定大規模災害により賃借権の目的である建物(以下この条において「旧建物」
という。)が滅失した場合において、旧建物の滅失の当時における旧建物の賃貸
人(以下この条において「従前の賃貸人」という。)が旧建物の敷地であった土地
の上に当該滅失の直前の用途と同一の用途に供される建物を新たに築造し、又
は築造しようとする場合であって、第2条第1項の政令の施行の日から起算し
て3年を経過する日までの間にその建物について賃貸借契約の締結の勧誘をし
ようとするときは、従前の賃貸人は、当該滅失の当時旧建物を自ら使用してい
た賃借人(転借人を含み、一時使用のための賃借をしていた者を除く。)のうち
知れている者に対し、遅滞なくその旨を通知しなければならない。

罹災法(※現在は廃止されています)2条

1 罹災建物が滅失した当時におけるその建物の借主は、その建物の敷地又はそ
の換地に借地権の存しない場合には、その土地の所有者に対し、この法律施行

44

の日から2箇年以内に建物所有の目的で賃借の申出をすることによつて、他の者に優先して、相当な借地条件で、その土地を賃借することができる。但し、その土地を、権原により現に建物所有の目的で使用する者があるとき、又は他の法令により、その土地に建物を築造するについて許可を必要とする場合に、その許可がないときは、その申出をすることができない。

2　土地所有者は、前項の申出を受けた日から3週間以内に、拒絶の意思を表示しないときは、その期間満了の時、その申出を承諾したものとみなす。

3　土地所有者は、建物所有の目的で自ら使用することを必要とする場合その他正当な事由があるのでなければ、第1項の申出を拒絶することができない。

4　第三者に対抗することのできない借地権及び臨時設備その他一時使用のために設定されたことの明かな借地権は、第1項の規定の適用については、これを借地権でないものとみなす。

罹災法（※現在廃止されています）14条

1　罹災建物が滅失し、又は疎開建物が除却された当時におけるその建物の借主は、その建物の敷地又はその換地に、その建物が滅失し、又は除却された後、その借主以外の者により、最初に築造された建物について、その完成前賃借の申出をすることによつて、他の者に優先して、相当な借家条件で、その建物を賃借することができる。但し、その借主が、罹災建物が滅失し、又は疎開建物が除却された後、その借主以外の者により、その敷地に建物が築造された場合におけるその建物の最後の借主でないときは、その敷地の換地に築造された建物については、この申出をすることができない。

2　前項の場合には、第2条第2項及び第3項の規定を準用する。

(4)　未賛同者の把握と合意可能性の検討

(A)　未賛同者の把握

取壊し決議で賛否の意思表示をしない者は、未賛同者として扱われます。未賛同者を把握する段階で所在のわからない区分所有者（以下、「所在不明者」といいます）もまた、未賛同者といえます。未賛同者を把握するため、まず、すべての区分所有者の所在を確定することが必要です。

所在のわからない区分所有者（以下、「所在不明者」といいます）がいる場合は、弁護士に依頼して捜索します。所在不明者の中には、すでに死亡しており、

相続登記がなされていない場合が少なくありません。その場合は、弁護士に戸籍関係の調査を依頼し、相続人に相続登記をしてもらい、区分所有者の所在を確定します。

「相続登記がされていない場合」には、「相続人不存在（相続人がいない場合や相続放棄がされている場合）」も含まれます。

法人の所有である場合にも、その法人が実質上解散状態にあり、所在不明の場合があります。

上記以外の未賛同者（所在不明者ではないが、取壊しに反対している区分所有者、および賛成反対の意思表示をしない、もしくはできない区分所有者）の把握も行います。

(B)　合意可能性の検討

未賛同者の人数や議決権が全体の5分の1未満の場合は、区分所有者および議決権の各5分の4以上の同意を得られる可能性が高いので、取壊し決議に向けて取組みを進めていきます。その後に催告と売渡請求を行い、所有権移転登記手続請求訴訟を起こして、取壊し参加者[25]の側に未賛同者の権利を移転させることになります（後記③(2)参照）。

なお、未賛同者が1人でもいる場合は、その時点で全員同意は相当な困難が予想されます。被災マンション法の取壊し決議の可能性を検討してみましょう。

未賛同者の人数や議決権が全体の5分の1以上の場合は、その時点で取壊し決議（区分所有者および議決権の各5分の4以上の同意を得ること）は困難となることが予想されます。この場合は、復旧（序章③(1)参照）への方針転換を検討してみましょう。復旧決議は、区分所有者および議決権の各4分の3以

25　正確には、①取壊し決議に賛成して取壊し決議に参加する区分所有者、②取壊し決議には賛成しなかったが、取壊し決議後に取壊しに参加すると回答した区分所有者、③取壊し決議参加者（前述①と②）の全員一致により「買受指定人」として権利を買い取ることを認められた者、以上①～③のいずれかに所在不明者の権利を移転させる。

上の同意で可決することができます。

　復旧決議もできないほど、未賛同者の人数や議決権が多い場合（全体の4分の1以上の場合）は、補修を検討するしかないと考えられます。

Point 合意可能性の判断

（以下では、5分の1＝20％、4分の1＝25％と表記しています）

未賛同者＝0％　→　取壊し全員同意の可能性あり

0％＜未賛同者＜20％　→　取壊し決議の可能性あり

20％≦未賛同者＜25％　→　取壊し決議は困難、しかし復旧決議の可能性あり

25％≦未賛同者　→　復旧決議は困難、補修を検討へ

⑸　妨害者・ゴネ得ねらい対策

⒜　要求に応じないことが重要

　取壊し決議反対者の中には、過去または現在におけるマンション内部の人間関係のこじれを背景として、取壊しへの合意形成活動を妨害する（嫌がらせする）こと自体を目的とする者や、取壊し決議に賛成する条件として高額な立退料を要求する、いわゆる「ゴネ得ねらい」を目的とする者がいる場合があります。

　ゴネ得ねらいの高額請求には決して応じてはいけません。取壊し決議を可決した後、売渡請求の対象としましょう。応じてしまうと、その判断の是非が後に区分所有者間で問題となり、理事会または総会での議論が紛糾する原因になりかねません。そうなると合意形成の取組みも停滞し、政令指定から1年の間に取壊し決議を可決すること（前記①(1)参照）が難しくなる場合があります。

【参考】　ゴネ得ねらいの高額請求に応じてしまった管理組合

　東日本大震災で被災したＤＡマンションは、被災後も居住可能であったため取壊し全員同意が難航しました（当時は被災マンション法改正前で取壊し決議の制度がなく、建物取壊しは全員同意が必要でした）。

　そのマンションでは、区分所有者2名から、高額な立退料の要求がありました。

　店舗部分の区分所有者であるＡは、専有部分をリフォームして開店したばかりで被災しました。Ａは管理組合に850万円を要求し、理事会は支払いを約束してしまいました。管理組合は、850万円のうち450万円を支払った後、残金の支払いをしなかったため、Ａは管理組合を相手取り、残金支払いを求める訴訟を起こします。

　居室を賃貸中の区分所有者Ｂもまた、賃借人への立退料として管理組合に500万円を要求し、管理組合は支払ってしまいました。

　これらは、理事会が独断で判断したもので、他の区分所有者には明らかにせず、総会では粉飾した決算書を提出しました。しかし、決算書には不明な点が多く、他の区分所有者などから追及を受けることになります。取壊し決議後に、理事会は立退料の支払いや粉飾決算の事実を認めますが、それら理事会の判断ミスを糾弾する意見が相次ぎ、敷地売却への合意形成活動を停滞させる要因になってしまいました。

　Ａの残金400万円の支払いについては、管理組合の残余財産からＡに300万円を支払うことで和解しました。

【参考】　過去の不正行為を追及されている元理事長による取壊し合意形成への妨害

　熊本地震で被災したＭＨマンションでは、元理事長Ｃ（被災前の理事長）

らによる過去の不正行為の疑いを、被災後の理事長Dらは被災前より追及していました。これに反発していたCは、被災後の建物取壊しには合意しましたが、その後、敷地売却の合意形成を進めるDに対して、総会の進行を妨げるなどの妨害活動を繰り返しました。

(B) 従前の管理組合の歴史的経緯による紛争

建物取壊し・敷地売却事業に関して、従前の管理組合の歴史的経緯による未賛同者が発生します。事業そのものには確たる反対ではないものの、過去の経緯を引きずることによって反対または賛成しないなどが生じます。被災前からの管理組合の適正な運営が欠かせません。

こうした紛争が生じたときには、過去の経緯を丁寧に解消していくこと、今はこの事業を成功させることが全員の利益になることなどを丁寧に説明し、解決を図るようにしてください。

【参考】　ゴネ得ねらいのために公費解体申請書の提出を拒む管理費等長期滞納者[26]

熊本地震で被災したDKマンションでは、敷地売却決議に賛成したEが、公費解体（前記①(4)）の同意書を提出しないという妨害行為を起こしています（後記③(5)参照）。妨害行為を起こしているのは、管理費等の長期滞納者でした。建物取壊しにより管理組合が消滅し、最終的に管理組合の残余財産を清算する際に支払われる分配金から滞納管理費分を相殺すると、残余財産を受け取ることができない可能性があります。

そこで、公費解体申請の妨害を行い、妨害行為の中止と引換えに、滞納管理費の全部または一部の免除を受け、残余財産の分配を受けようと

26　久保依子＝田中昌樹「被災マンション事例報告3──被災マンションと敷地売却」マンション学60号99頁～101頁。

企んでいたものと推察されます。

　さらに、Eの登記記録を確認すると多額の抵当権が設定された状態になっていました。Eには残債を弁済する資力がないことが容易に想像されたため、抵当権者に抵当権の実行をもちかけ、場合によっては管理組合またはその関係者が競落することも検討しました。しかし、抵当権者に相談すると、残債の支払いはなされており、抵当権抹消書類はEに渡されているとのことでした。Eは、抵当権の抹消と引換えに、再び管理組合と滞納管理費の全部または一部の免除交渉を考えていたようです。

⑹　抵当権者の扱い

(A)　抵当権の存続

建物が大規模一部滅失した場合でも、抵当権は存続します。

　全部滅失ではない建物の取壊しは、理論上は抵当権侵害の問題が生じます。しかし、区分所有権に設定された抵当権は、建物を取り壊すことによって土地に転写[27]されるので、実際には抵当権者も特に異議申立てを行わないことが一般的です。

　東日本大震災でも熊本地震でも、被災マンションの取壊しについて、抵当権者からの異議申立てはありませんでした。

(B)　取壊し不参加予定者の抵当権抹消

取壊しに不参加予定（取壊し決議に賛成しない予定）の区分所有者に抵当権

27　「転写」とは、登記データを複写することです。たとえば、分筆の時には「転写」が行われます。転写では、複写以後も、複写元・複写先とも利用し、それぞれに登記申請があると、それぞれに登記事項を記載していきます。一方、「移記」もまた、登記データを複写することですが、こちらは登記簿を電子化したときなどに行われ、移記以後は、複写元のデータは使わなくなり（登記簿は閉鎖）、登記申請があると、複写先のみに登記事項を記載していきます。

がある場合は、取壊し決議可決後に売渡請求を行い、取壊し参加者の側にその者の区分所有権を移転させて（後記③(2)参照）から、抵当権消滅請求または代価弁済という方法により、抵当権を消滅させます。詳しくは、後記③(3)で説明します。

(C)　取壊し参加予定者の抵当権抹消

取壊しに参加予定（取壊し決議に賛成予定）の区分所有者に抵当権がある場合は、公費解体申請時に抵当権者の同意書が必要になる場合があります。そして、いずれは抵当権を抹消しなければ敷地を売却することはできません（一般には、買主は抵当権が設定されたままの土地を買い取ることを嫌がります）。

これらを考えると、この時点で取壊しに参加予定（取壊し決議に賛成予定）の区分所有者に、以下①または②を促すことは、今後の円滑な取壊しに一定の効果があると考えられます。

①　あらかじめ抵当権者と交渉して抵当権を抹消させること

②　抵当権者から取壊しに係る同意書を取り付けておくこと

【参考】　抹消手続が進まない区分所有者の対応[28]

熊本地震で被災したＳＳマンションでは、敷地売却までの間に各区分所有者において、抵当権の抹消手続をするよう管理組合から告知していました。

しかし、一向に抹消手続が進まない区分所有者に関しては、被災時の管理組合理事長が本人に同行し金融機関と交渉を行っています。被災したため建物には担保価値がなくなっている状況を金融機関に説明し、敷地売却の清算金を充当することで抹消手続に応じてもらっています。

残債の支払いから抹消手続までの流れは金融機関ごとに異なっています。敷地売却の決済日当日には、敷地共有者の債権者である５社を

28　久保＝田中・前掲（注26）99頁〜101頁。

一堂に集めました。金融機関の考えで来ない会社も1社ありました。

独立行政法人住宅金融支援機構は、複数の債権について振込先を1本にまとめて、抹消書類を出してくれました。

熊本銀行は、決済金額の入金口座（管理組合口座）からいったん本人口座に入金しないと抹消書類を出してくれませんでした。ただし、決済日前にあらかじめ本人（抹消手続をする者）が出金伝票を起票し、その出金伝票を銀行預かりとして混乱（抹消手続をすべき者が分配金から残債を支払わずに使ってしまうこと）を防ぐことができました。

決済の手続は全部で1時間程度です。

(7)　取壊し決議の総会招集通知　【取壊し決議をする場合】

(A)　取壊し決議を理事会決定

未賛同者（前記(4)参照）の人数および議決権が全体の5分の1未満であり、取壊し決議が合意できる見込みがあることを確認したうえで、理事会において取壊し決議総会を開催することを決定します。

(B)　通知の時期と方法

取壊し決議総会を開催するためには、取壊し決議総会の開催日を定め、開催日の2カ月前までに、管理者[29]（多くの場合、管理者は理事長です）は総会招集通知を各区分所有者に発する必要があります（被災マンション法11条3項が準用する被災マンション法9条4項）。

通常の総会通知のように1週間前（区分所有法）または2週間前（マンション標準管理規約）ではないので注意してください。

29　管理者は、多くのマンションでは規約で理事長と定められています。国土交通省が作成したマンション標準管理規約（単棟型）38条2項では、理事長を管理者と定めています。稀に管理会社やマンション管理士等区分所有者以外の者を規約で管理者と定めている場合がありますので、今一度各々のマンションの管理規約を確認してください。

（C）　管理者が総会を招集しない場合／管理者がいない場合

　総会（決議のための集会）を招集するのは管理者と定められています（区分所有法34条１項）が、管理者が総会を招集しない場合は、区分所有者および議決権の５分の１以上（の連名）で、総会の招集を管理者に請求することができます（同条３項）。

　この場合、管理者は請求から２週間以内に総会の招集通知を発する必要があります（区分所有法34条４項）。その場合、総会の開催日は、招集通知を発した日から２カ月以降に設定する必要があります（被災マンション法11条３項が準用する被災マンション法９条４項）。

　請求から２週間以内に総会の招集が管理者から発せられなかった場合は、総会の招集を請求した区分所有者が直接総会を招集することができます（区分所有法34条４項）。

　管理者が定められていない場合や、死亡などの理由により管理者がいない場合にも、区分所有者および議決権の５分の１以上（の連名）で、直接総会を招集することができます（区分所有法34条５条）。

（D）　災害時における通知のあて先

　大規模災害により、区分所有者が必ずしも被災前と同じ場所に居住しているとは限らないので、総会の招集通知は、（区分所有法35条３項の「区分所有者が指定した場所」や「専有部分が所在する場所」ではなく）区分所有者が災害発生後に指定した場所あてに発すればよいとされています（被災マンション法８条２項）。

　また、区分所有者の所在がわからない場合は、総会の招集者は「合理的に期待される程度の所在調査」をしたうえで、招集通知を建物や敷地内の見や

すい場所に掲示すればよいことになっています。その場合、総会の招集通知は、建物や敷地内の見やすい場所に掲示したときに到達したものとみなされます。ただし、招集者が、「合理的に期待される程度の所在調査」を尽くしていないとされる場合には、到達の効力を生じないので注意してください（被災マンション法8条4項）。

(E)　通知事項

総会招集通知には、以下の6点を記載します。

① 　被災マンション法11条に基づく建物取壊しの決議をすること

② 　区分所有建物の取壊しに要する費用の概算額

③ 　取壊し費用の分担に関する事項

④ 　取壊しを必要とする理由

⑤ 　復旧または建替えをしない理由

⑥ 　復旧に要する費用の概算額

①〜⑥は法定の要件ですから厳格に判断されますので、瑕疵のないように進めてください。

(F)　通知事項6点の根拠

被災マンション法11条3項が準用する同法9条5項では、取壊し決議の集会（総会）招集を通知するときには、「議案の要領」を通知しなければならないと規定しています。ここで、「議案」とは「取壊し決議の議案」のことです。取壊し決議では、被災マンション法11条2項により、上記②と③を定めなければならないと規定しています。したがって、上記①〜③が、「議案の要領」となります。

さらに、被災マンション法11条3項が準用する被災マンション法9条5項では、「議案の要領」のほかに、上記④〜⑥の3点を通知しなければならないと規定しています。

なお、巻末の第3章④に取壊し決議集会議案書の例を掲載していますので、参考にしてください。

《参考法令》

マンション標準管理規約38条（理事長）

2　理事長は、区分所有法に定める管理者とする。

被災マンション法11条（取壊し決議）

3　取壊し決議については、第9条第3項から第8項まで並びに区分所有法第63条第1項から第4項まで、第6項及び第7項並びに第64条の規定を準用する。（以下、略）

被災マンション法9条（敷地売却決議等）読み替え

4　第11条第1項に規定する決議事項を会議の目的とする区分所有者集会〔＝取壊し決議の総会〕を招集するときは、区分所有法第35条第1項の通知〔＝総会招集通知〕は、同項の規定にかかわらず、当該区分所有者集会の会日より少なくとも2月前に発しなければならない。

5　前項に規定する場合において、区分所有法第35条第1項の通知〔＝総会招集通知〕をするときは、前条第5項に規定する議案の要領のほか、次の事項をも通知しなければならない。

一　取壊しを必要とする理由

二　復旧又は建替えをしない理由

三　復旧に要する費用の概算額

被災マンション法8条（区分所有建物の一部が滅失した場合における区分所有者集会の招集の通知に関する特例）

2　前項の通知〔＝総会招集通知〕は、区分所有者が第2条の政令で定める災害が発生した時以後に管理者に対して通知を受けるべき場所を通知したときは、その場所に宛ててすれば足りる。この場合には、同項の通知は、通常それが到達すべき時に到達したものとみなす。

3　区分所有者集会を招集する者が区分所有者（前項の規定により通知を受けるべき場所を通知したものを除く。）の所在を知ることができないときは、第1項の通知は、当該区分所有建物又はその敷地内の見やすい場所に掲示してすることができる。

4　前項の場合には、当該通知は、同項の規定による掲示をした時に到達したものとみなす。ただし、区分所有者集会を招集する者が当該区分所有者の所在を知らないことについて過失があったときは、到達の効力を生じない。

区分所有法34条（集会の招集）

1　集会は、管理者が招集する。

2　管理者は、少なくとも毎年1回集会を招集しなければならない。

3　区分所有者の5分の1以上で議決権の5分の1以上を有するものは、管理者に対し、会議の目的たる事項を示して、集会の招集を請求することができる。ただし、この定数は、規約で減ずることができる。

4　前項の規定による請求がされた場合において、2週間以内にその請求の日から4週間以内の日を会日とする集会の招集の通知が発せられなかつたときは、その請求をした区分所有者は、集会を招集することができる。

5　管理者がないときは、区分所有者の5分の1以上で議決権の5分の1以上を有するものは、集会を招集することができる。ただし、この定数は、規約で減ずることができる。

区分所有法35条（招集の通知）

3　第1項の通知〔＝総会招集通知〕は、区分所有者が管理者に対して通知を受けるべき場所を通知したときはその場所に、これを通知しなかつたときは区分所有者の所有する専有部分が所在する場所にあててすれば足りる。この場合には、同項の通知〔＝総会招集通知〕は、通常それが到達すべき時に到達したものとみなす。

⑻　説明会　【取壊し決議をする場合】

(A)　説明会の内容と招集通知

取壊し決議総会を開催するためには、総会の日から逆算して1カ月前までに、取壊し決議総会のための説明会を開催しなければなりません（被災マンション法11条3項が準用する同法9条6項）。

説明会では、総会招集通知（前記(7)）で通知した以下の6点について説明します。

①　被災マンション法11条に基づく建物取壊しの決議をすること

②　区分所有建物の取壊しに要する費用の概算額

③　取壊し費用の分担に関する事項

④　取壊しを必要とする理由

⑤　復旧または建替えをしない理由

⑥　復旧に要する費用の概算額

　また、この説明会開催の招集通知は、集会の１週間前までに各区分所有者に発する必要があります（被災マンション法11条３項が準用する同法９条７項）。ただし、区分所有者全員からの同意があれば、招集手続は不要です（同法11条３項が準用する同法９条７項がさらに準用する区分所有法36条準用）。たとえば、区分所有者数が少ないマンションなどで、口頭での説明により、すべての区分所有者が説明会の開催に同意している場合がこれに該当します。

　上記の説明事項、説明会の招集通知、説明会開催の期日は、法定の要件ですから厳格に判断されますので、瑕疵のないように進めてください。

(B)　災害時における通知のあて先

　大規模災害により、区分所有者が必ずしも被災前と同じ場所に居住しているとは限らないので、説明会の招集通知は、（区分所有法35条３項の「区分所有者が指定した場所」や「専有部分が所在する場所」ではなく）区分所有者が災害発生後に指定した場所あてに発すればよいとされています（被災マンション法８条２項）。

　また、区分所有者の所在がわからない場合は、説明会の招集者は「合理的に期待される程度の所在調査」をしたうえで、招集通知を建物や敷地内の見やすい場所に掲示すればよいことになっています。その場合、説明会の招集通知は、建物や敷地内の見やすい場所に掲示したときに到達したものとみなされます。ただし、招集者が、「合理的に期待される程度の所在調査」を尽くしていないとされる場合には、到達の効力を生じないので注意してください（被災マンション法８条３項・４項）。

《参考法令》
被災マンション法11条（取壊し決議等）
3　取壊し決議については、第９条第３項から第８項まで並びに区分所有法第63条第１項から第４項まで、第６項及び第７項並びに第64条の規定を準用する。（以

57

下、略）

被災マンション法9条（敷地売却決議等）読み替え

6　第4項の区分所有者集会〔＝取壊し決議の総会〕を招集した者は、当該区分所有者集会の会日より少なくとも1月前までに、当該招集の際に通知すべき事項について区分所有者に対し説明を行うための説明会を開催しなければならない。

7　前項の説明会の招集の通知その他の説明会の開催については、区分所有法第35条第1項本文〔＝ただし書は含まない〕及び第2項並びに第36条並びに前条〔＝被災マンション法8条〕第2項から第4項までの規定を準用する。

区分所有法35条（招集の通知）読み替え

1　集会の招集の通知は、会日より少なくとも1週間前に、会議の目的たる事項を示して、各区分所有者に発しなければならない。（以下、略）

区分所有法36条（招集手続の省略）

集会は、区分所有者全員の同意があるときは、招集の手続を経ないで開くことができる。

被災マンション法8条（区分所有建物の一部が滅失した場合における区分所有者集会の招集の通知に関する特例）

2　前項の通知〔＝集会の招集通知〕は、区分所有者が第2条の政令で定める災害が発生した時以後に管理者に対して通知を受けるべき場所を通知したときは、その場所に宛ててすれば足りる。この場合には、同項の通知は、通常それが到達すべき時に到達したものとみなす。

3　区分所有者集会を招集する者が区分所有者（前項の規定により通知を受けるべき場所を通知したものを除く。）の所在を知ることができないときは、第1項の通知は、当該区分所有建物又はその敷地内の見やすい場所に掲示してすることができる。

4　前項の場合には、当該通知は、同項の規定による掲示をした時に到達したものとみなす。ただし、区分所有者集会を招集する者が当該区分所有者の所在を知らないことについて過失があったときは、到達の効力を生じない。

⑼　取壊し決議の総会　【取壊し決議をする場合】

政令で定める災害による大規模一部滅失の場合は、区分所有者集会において、区分所有者および議決権の各5分の4以上の多数で、「取壊し決議」をすることができます。

取壊し決議では、以下の①②を定めます。

①　区分所有建物の取壊しに要する費用の概算額

②　費用の分担に関する事項

費用の分担に関する事項は、各区分所有者に不利益が生じないように定める必要があります。

取壊し決議をした総会の議事録には、区分所有者全員について、Ａさんは賛成、Ｂさんは非賛成、というように、１人ずつ賛否を記載・記録する必要があります。単純に賛成者や非賛成者の人数や議決権数を記載しただけでは決議は無効となりますので注意してください（被災マンション法11条３項が準用する同法９条８項の「各区分所有者の賛否」の「各」に注意）。

上記の総会議案、決議事項、賛否を記載した議事録は、法定の要件ですから厳格に判断されますので、瑕疵のないように進めてください。

⑽　全員からの取壊し同意書提出 【全員同意をする場合】

被災マンション法11条が定める取壊し決議ではなく、全員同意により建物を取り壊す場合は、決議集会を開催する必要は特にありません。

同意は口頭でもかまいませんが、後の紛争を回避するためにも、区分所有者全員からの取壊し同意書を提出してもらい、管理組合の理事長等が（誰でもかまいません）取りまとめておくことが望ましいでしょう。

《参考法令》

被災マンション法11条（取壊し決議等）

1　第７条に規定する場合〔＝政令で定める災害により区分所有建物の一部が減失した場合〕においては、区分所有者集会において、区分所有者及び議決権の各５分の４以上の多数で、当該区分所有建物を取り壊す旨の決議（以下「取壊し決議」という。）をすることができる。

2　取壊し決議においては、次の事項を定めなければならない。

一　区分所有建物の取壊しに要する費用の概算額

　　二　前号に規定する費用の分担に関する事項

3　取壊し決議については、第9条第3項から第8項まで並びに区分所有法第63
　条第1項から第4項まで、第6項及び第7項並びに第64条の規定を準用する。(以
　下、略)

被災マンション法9条(建物敷地売却決議等)読み替え

3　<u>第11条第2項第2号</u>の事項〔当該区分所有建物の取壊し費用の分担に関する事
　項〕は、各区分所有者の衡平を害しないように〔＝不利益が著しくならないよう
　に〕定めなければならない。

8　<u>第11条第1項</u>に規定する取壊し決議をした区分所有者集会の議事録には、そ
　の決議についての各区分所有者の賛否をも記載し、又は記録しなければならない。

③ 実施段階

ここでは、前記②（計画段階）の最後に「取壊し決議（前記②(9)）」の可決または「全員からの同意書提出（前記②(10)）」がなされたことを前提として、建物の取壊しと管理組合消滅までの事業の進め方について説明します。

(1) 取壊し決議非賛成者に対する参加／不参加の催告【取壊し決議をした場合】

(A) 催告の方法と期間

取壊し決議が可決された場合、取壊し決議の総会を招集した者（前記②(7)参照）は、遅滞なく、非賛成者（承継人を含む）に対し、取壊し決議の内容での取壊しに参加するか否かの回答を書面で催告しなければなりません（被災マンション法11条3項が準用する区分所有法63条1項）。

催告は、通知を明確にするために配達証明[30]付き内容証明[31]で行います。

取壊し決議非賛成者は、催告を受けた日から（催告が到達した日から）2カ月以内に回答しなければなりません（被災マンション法11条3項が準用する区分所有法63条2項）。

(B) 催告の回答と売渡請求の対象

取壊し決議非賛成者のうち、催告を受けて「参加する」と回答した者は、「取壊し参加者」となります。「参加しない」と回答した者、および2カ月以内に回答がなかった者は、取壊し非参加者となり、売渡請求（後記(2)）の対象と

30　配達証明とは、一般書留郵便物等を配達した事実を証明する制度です。

31　内容証明とは、いつ、いかなる内容の文書を誰から誰あてに差し出されたかということを、差出人が作成した謄本によって郵便局（日本郵便株式会社）が証明する制度です。内容文書とは、受取人へ送達する文書をいいます。謄本とは、内容文書を謄写した（書き写した）書面をいい、差出人および差出郵便局において保管するものです。

なります（被災マンション法11条3項が準用する区分所有法63条3項、64条）。

(C)　「取壊し参加者」の定義

以下の①～③の3者が「取壊し参加者」となります。この3者は、取壊し決議の内容で取壊しを行うことを合意したものとみなされます（被災マンション法11条3項が準用する区分所有法64条）。

① 取壊し決議賛成者

② 催告で取壊し参加を回答した者（承継人含む）

③ 買受（かいうけ）指定者（①と②全員の同意で指定された、区分所有権および敷地利用権の買受けができる者）

(D)　相続人不存在の非賛成者がいる場合[32][33]

「相続人不存在」とは、相続人がいない場合や相続放棄がされている場合のことを指します。

相続人不存在の場合は、相続財産は民法951条により「相続財産法人」とされます。正式には「亡甲野太郎相続財産」という相続財産法人となります。したがって、この相続財産法人が、区分所有者となります。

この相続財産法人に対して取壊しに参加するか否かの催告をするためには（さらにその後の売渡請求をするためにも）、当該法人の代表者となる相続財産管理人（民法952条）、または特別代理人（民事訴訟法37条が準用する同法35条）を選任します。

- 相続人不存在への催告
  - 特別代理人を選任（合理的）
  - 相続財産管理人を選任（費用と時間がかかる）

32　篠原・前掲（注14）59頁～62頁。

33　篠原・前掲（注15）56頁～58頁。

Point 特別代理人の選任（合理的）

　相続人不存在の場合、相続財産管理人の選任と比べて、特別代理人の選任は時間と費用の節約という観点で合理的と考えられます。

　特別代理人選任の申立ては、催告を行う者、すなわち、「取壊し決議の総会を招集した者（多くの場合は管理組合理事長）」が、地方裁判所に対して行います。

　「取壊しに参加するか否かの催告」は、選任された特別代理人に対して行います（民事訴訟法37条が準用する35条）。通知を明確にするために配達証明付き内容証明で行います。

　催告を受けた特別代理人は、一般には、「取壊しに参加する」旨の意思表示をすると考えられますが、「参加しない」旨の意思表示、または意思表示がない場合は、特別代理人に対して売渡請求（後記(2)）を行うことになります。

Point 相続財産管理人の選任（時間と費用がかかる）

　相続人不存在の場合、取壊し決議集会を招集した者（多くの場合は理事長）は、利害関係人として家庭裁判所に対し、当該法人の相続財産管理人選任の申立てをし、選任された相続財産管理人に対して催告、売渡請求権行使等を行うことができます（民法952条）。

　相続財産管理人への催告は、通知を明確にするために配達証明付き内容証明で行います。

　しかし、相続財産管理人は、マンションの専有部分以外にも他に財産がないかどうかの調査や、財産目録の作成等を行わなければならないうえに、相続財産管理人の権限は限定されているため（民法953条が準用する同法27条、28条）、売渡請求後の訴訟に応じるためには逐一家庭裁判所

の許可を得なければならず、相続財産管理人を選任して進めていく方法
には、煩雑さが伴い、多くの時間が費やされてしまうことが予想されます。

(E)　専有部分を所有している法人が事実上解散状態の場合も特別代理
　　人等を選任して催告する

専有部分の所有者が法人（株式会社等）であり、その法人が実質上解散状態
にある場合があります。この場合にも、弁護士に依頼して特別代理人の選任
などの手続を行うことになります。

(F)　所在不明の非賛成者がいる場合[34][35]

所在不明者に対して「取壊しに参加するか否かの催告」をするためには、「公
示による意思表示（民法98条）」を用います。

「不在者の財産管理人制度（民法25条）」を利用する方法も考えられますが、
煩雑さが伴い、多くの時間が費やされてしまうことが予想されます（後述）。

また、所在不明者に対しては、先述した特別代理人の制度は利用すること
ができません。理由として、「公示による意思表示」や「公示送達」（後記(2)参照）
を利用できるからです。

```
┌─────────────┐         ┌──────────────────────────┐
│             │─────────│ 公示による意思表示（合理的）    │
│ 所在不明者への催告  │         └──────────────────────────┘
│             │         ┌──────────────────────────┐
└─────────────┘─────────│ 不在者の財産管理人を選任（費用と時間がかかる）│
                        └──────────────────────────┘
```

Point　公示による意思表示（民法98条）

「公示による意思表示（民法98条）」は、相手方が変更して誰が現在の

34　前掲（注32）。

35　前掲（注33）。

相手方かがわかっていても、その行方が不明なときに、これに対する意思表示を到達させる制度です。

催告者は、所在不明者の最後の住所地の簡易裁判所に申し立てて、公示の手続をします（民法98条4項）。

公示そのものは、当該裁判所の掲示場に掲示し、その掲示があったことを官報に少なくとも1回掲載します。また、官報の掲載に代えて市役所等の施設の掲示場に掲示することもあります（民法98条2項）。

官報の掲載またはこれに代わる掲示を始めた日から2週間を経過した時に、所在不明者に催告書が到達したものとみなされます（民法98条3項）。

このようにして催告の意思表示を到達させますが、所在不明者は催告期間内に取壊しに参加する回答をするはずはありません。したがって、所在不明者に対して売渡請求（後記(2)）を行い、これに係る所有権移転登記手続請求訴訟を行うことになりますが、その際には、公示送達（民事訴訟法110条、111条）を行うことになります。

なお、「公示による意思表示（民法98条）」と「公示送達（民事訴訟法110条、111条）」は、言葉は似ていますが、異なる内容なので注意してください。前者は所在不明者への催告の際に用います。後者は、所在不明者への売渡請求（後記(2)）に係る所有権移転登記手続請求訴訟の際に用います。

Point 不在者の財産管理人制度（民法25条）

公示による意思表示以外にも、「不在者の財産管理人制度（民法25条）」を利用する方法も考えられます。

しかし、財産管理人はマンションの専有部分以外にも他に財産がないかどうかの調査や、財産目録の作成等を行わなければならないうえに、管理人の権限は限定されているため（民法27条、28条）、管理人を選任して進めていく方法には、煩雑さが伴い、多くの時間が費やされてしまう

ことが予想されます。

【参考】　不在者の財産管理人を選任した事例[36]

　　熊本地震で被災したＤＫマンションでは、すでに死亡していると思われる不在者の財産管理人を選任しました。取壊し決議や残存家財の処分については、財産管理人の同意を得て手続が行われました。敷地売却手続は、簡素化、迅速化を目的として、建物取壊し後に敷地共有者らが立ち上げた一般社団法人が、不在者の財産管理人から共有持分を買い取りました。

《参考法令》

〈催告〉

被災マンション法11条（取壊し決議等）

3　取壊し決議については、第9条第3項から第8項まで並びに区分所有法第63条第1項から第4項まで、第6項及び第7項並びに第64条の規定を準用する。（以下、略）

区分所有法63条（区分所有権等の売渡し請求等）読み替え

1　取壊し決議があつたときは、集会〔＝区分所有者集会〕を招集した者は、遅滞なく、取壊し決議に賛成しなかつた区分所有者（その承継人を含む。）に対し、取壊し決議の内容により取壊しに参加するか否かを回答すべき旨を書面で催告しなければならない。

2　前項に規定する区分所有者は、同項の規定による催告を受けた日から2月以内に回答しなければならない。

3　前項の期間内に回答しなかつた第1項に規定する区分所有者は、取壊しに参加しない旨を回答したものとみなす。

区分所有法64条（建替えに関する合意）読み替え

36　久保＝田中・前掲（注26）99頁〜101頁。

　取壊し決議に賛成した各区分所有者、取壊し決議の内容により取壊しに参加する旨を回答した各区分所有者及び区分所有権又は敷地利用権を買い受けた各買受指定者（これらの者の承継人を含む。）は、取壊し決議の内容により取壊しを行う旨の合意をしたものとみなす。

〈相続財産法人・相続財産管理人〉

民法951条（相続財産法人の成立）

　相続人のあることが明らかでないときは、相続財産は、法人とする。

民法952条（相続財産の管理人の選任）

1　前条の場合には、家庭裁判所は、利害関係人又は検察官の請求によって、相続財産の管理人を選任しなければならない。

2　前項の規定により相続財産の管理人を選任したときは、家庭裁判所は、遅滞なくこれを公告しなければならない。

民法953条（不在者の財産の管理人に関する規定の準用）

　第27条から第29条までの規定は、前条第1項の相続財産の管理人（以下この章において単に「相続財産の管理人」という。）について準用する。

〈特別代理人〉

民事訴訟法35条（特別代理人）

1　法定代理人がない場合又は法定代理人が代理権を行うことができない場合において、未成年者又は成年被後見人に対し訴訟行為をしようとする者は、遅滞のため損害を受けるおそれがあることを疎明して、受訴裁判所の裁判長に特別代理人の選任を申し立てることができる。

2　裁判所は、いつでも特別代理人を改任することができる。

3　特別代理人が訴訟行為をするには、後見人と同一の授権がなければならない。

民事訴訟法37条（法人の代表者等への準用）

　この法律中法定代理及び法定代理人に関する規定は、法人の代表者及び法人でない社団又は財団でその名において訴え、又は訴えられることができるものの代表者又は管理人について準用する。

〈所在不明者への催告〉

民法98条（公示による意思表示）

1　意思表示は、表意者が相手方を知ることができず、又はその所在を知ることができないときは、公示の方法によってすることができる。

2　前項の公示は、公示送達に関する民事訴訟法（平成8年法律第109号）の規定に従い、裁判所の掲示場に掲示し、かつ、その掲示があったことを官報に少な

くとも1回掲載して行う。ただし、裁判所は、相当と認めるときは、官報への掲載に代えて、市役所、区役所、町村役場又はこれらに準ずる施設の掲示場に掲示すべきことを命ずることができる。

3　公示による意思表示は、最後に官報に掲載した日又はその掲載に代わる掲示を始めた日から2週間を経過した時に、相手方に到達したものとみなす。ただし、表意者が相手方を知らないこと又はその所在を知らないことについて過失があったときは、到達の効力を生じない。

4　公示に関する手続は、相手方を知ることができない場合には表意者の住所地の、相手方の所在を知ることができない場合には相手方の最後の住所地の簡易裁判所の管轄に属する。

5　裁判所は、表意者に、公示に関する費用を予納させなければならない。

〈不在者財産管理人〉

民法25条（不在者の財産の管理）

1　従来の住所又は居所を去った者（以下「不在者」という。）がその財産の管理人（以下この節において単に「管理人」という。）を置かなかったときは、家庭裁判所は、利害関係人又は検察官の請求により、その財産の管理について必要な処分を命ずることができる。本人の不在中に管理人の権限が消滅したときも、同様とする。

2　前項の規定による命令後、本人が管理人を置いたときは、家庭裁判所は、その管理人、利害関係人又は検察官の請求により、その命令を取り消さなければならない。

民法27条（管理人の職務）

1　前2条の規定により家庭裁判所が選任した管理人は、その管理すべき財産の目録を作成しなければならない。この場合において、その費用は、不在者の財産の中から支弁する。

2　不在者の生死が明らかでない場合において、利害関係人又は検察官の請求があるときは、家庭裁判所は、不在者が置いた管理人にも、前項の目録の作成を命ずることができる。

3　前2項に定めるもののほか、家庭裁判所は、管理人に対し、不在者の財産の保存に必要と認める処分を命ずることができる。

民法28条（管理人の権限）

管理人は、第103条に規定する権限を超える行為を必要とするときは、家庭裁判所の許可を得て、その行為をすることができる。不在者の生死が明らかでな

い場合において、その管理人が不在者が定めた権限を超える行為を必要とするときも、同様とする。

(2) 売渡請求 【取壊し決議をした場合】

(A) 売渡請求

催告（前記(1)）を受けてから 2 カ月以内に回答しなかった者（その承継人を含む）、および「参加しない」と回答した者（その承継人を含む）に対し「取壊し参加者」（後記(B)参照）は、 2 カ月の催告回答期間が満了した日から 2 カ月以内に、区分所有権および敷地利用権を時価（後記(C)参照）で売り渡すよう請求（＝売渡請求権の行使）ができます（被災マンション法11条 3 項が準用する区分所有法63条 4 項）。

取壊し参加者が支払う時価代金は、管理組合による立替え、または管理組合による取壊し参加者への貸付けができます。立て替えたり、貸し付けた代金は、敷地売却の売得金で清算します。

(B) 「取壊し参加者」の定義

以下の①〜③の 3 者が「取壊し参加者」となります。この 3 者は、取壊し決議の内容で取り壊すことに合意したものとみなされます。

①　取壊し決議賛成者

②　催告で取壊し参加を回答した者（承継人含む）

③　買受（かいうけ）指定者（①と②全員の同意で指定された、区分所有権および敷地利用権の買受けができる者）

(C) 時　価

この時点での、区分所有権および敷地利用権の時価は、基本的には「（建物の価格＋土地の価格）×持分割合」となります。

このあと建物を取り壊すことになるので、「建物の価格」は、ほとんどないと考えられます。

しかし、公費解体ではなく自費解体を行う（区分所有者間で解体費用を負担

69

する）場合は、取壊し費用を請求者が負担しなければならず、その分をあらかじめ控除するため、「建物の価格」はマイナスの値段となりますので注意が必要です。

(D)　相続人不存在の場合は相続財産管理人または特別代理人に対して売渡請求を行う

相続人が不存在で、催告（前記(1)参照）を受けた相続財産管理人または特別代理人が、「取壊しに参加しない」旨の意思表示をした場合は、相続財産管理人または特別代理人に対して売渡請求を行います。

なお、相続財産管理人や特別代理人への売渡請求は、通知を明確にするために配達証明付き内容証明で行います。

(E)　所在不明者への売渡請求は「公示送達（民事訴訟法110条、111条）」で行う

所在不明者への催告（前記(1)参照）では、一般に、「取壊しに参加する」旨の意思表示はないものと考えられます。したがって、所在不明者に対する売渡請求が必要となります。

所在不明者への売渡請求は、公示送達を用います。

公示送達は、相手方の住所、居所、その他の送達場所が不明のときに、裁判所（多くの場合は地方裁判所）の掲示場へ訴状を掲示する方法によって相手方が訴状等を了知する機会を与えられたものとみなし、これによって送達の効力を発生させることにする制度です（民事訴訟法110条、111条）。

《参考法令》
〈売渡請求〉
被災マンション法11条（取壊し決議）
3　取壊し決議については、第9条第3項から第8項まで並びに区分所有法第63条第1項から第4項まで、第6項及び第7項並びに第64条の規定を準用する。（以下、略）
区分所有法63条（区分所有権等の売渡し請求等）読み替え

4 第2項の期間が経過したときは、<u>取壊し決議</u>に賛成した各区分所有者若しく
は<u>取壊し決議</u>の内容により<u>取壊し</u>に参加する旨を回答した各区分所有者（これら
の者の承継人を含む。）又はこれらの者の全員の合意により区分所有権及び敷地
利用権を買い受けることができる者として指定された者（以下「買受指定者」と
いう。）は、同項の期間の満了の日から2月以内に、<u>取壊し</u>に参加しない旨を回
答した区分所有者（その承継人を含む。）に対し、区分所有権及び敷地利用権を
時価で売り渡すべきことを請求することができる。<u>取壊し決議</u>があつた後にこ
の区分所有者から敷地利用権のみを取得した者（その承継人を含む。）の敷地利
用権についても、同様とする。

〈公示送達〉

民事訴訟法110条（公示送達の要件）

1 次に掲げる場合には、裁判所書記官は、申立てにより、公示送達をすること
ができる。

一 当事者の住所、居所その他送達をすべき場所が知れない場合

二 第107条第1項の規定により送達をすることができない場合

三 外国においてすべき送達について、第108条の規定によることができず、又
はこれによっても送達をすることができないと認めるべき場合

四 第108条の規定により外国の管轄官庁に嘱託を発した後6月を経過してもそ
の送達を証する書面の送付がない場合

2 前項の場合において、裁判所は、訴訟の遅滞を避けるため必要があると認め
るときは、申立てがないときであっても、裁判所書記官に公示送達をすべきこ
とを命ずることができる。

3 同一の当事者に対する2回目以降の公示送達は、職権でする。ただし、第1
項第4号に掲げる場合は、この限りでない。

民事訴訟法111条（公示送達の方法）

公示送達は、裁判所書記官が送達すべき書類を保管し、いつでも送達を受け
るべき者に交付すべき旨を裁判所の掲示場に掲示してする。

(3) 抵当権消滅請求

取壊し不参加者の区分所有権に抵当権が設定されている場合は、取壊し決
議可決後に取壊し参加者が売渡請求を行い、取壊し参加者の側にその者の区

分所有権を移転させて（前記(2)参照）から、抵当権消滅請求という方法により、抵当権を消滅させます。

取壊し参加者の抵当権抹消方法については、前記②(6)を参照してください。

(A)　抵当権消滅請求（民法379条〜386条）

売渡請求により、抵当権が設定された区分所有権を取得した者（売渡請求をした者）は、「抵当権が設定された区分所有権を取得した価格」または「自由に定めた金額」を指定して、必要書類を抵当権者に送付することで、抵当権消滅請求を行います（民法383条）。

抵当権者が2カ月以内に抵当権実行による競売の申立てをしないときは、抵当権が設定された区分所有権を取得した者は、「抵当権が設定された区分所有権を取得した価格」または「自由に定めた金額」を、弁済または供託して抵当権を消滅させることができます（民法383条3号）。

抵当権消滅請求は、第三取得者（売渡請求により抵当権が設定された区分所有権を取得した者）しか請求できません。区分所有権に抵当権を設定した本人は、抵当権消滅請求はできないので、注意してください（民法380条）。

(B)　代価弁済（民法378条）

なお、抵当権消滅請求以外にも、代価弁済という制度があります。

代価弁済は抵当権者の請求に応じて第三取得者がその代価を弁済することにより抵当権が消滅するという制度であり、抵当権者が請求しなければ使えない制度です。

抵当不動産の価格が債権額を上回る場合には競売のほうが抵当権者にとっ

37　供託（きょうたく）とは、国の機関である「供託所」に金銭などを預けることで、家賃などを「支払ったこと」と同じ効果になる制度です。たとえば、大家が行方不明になるなど、家賃を支払えない状態になった場合、そのまま放置しておくと、賃貸借契約が解除されることにもなりかねません。そこで、「供託所」に家賃を預け、その後の適切な対処をしてもらいます。供託所とは、法務局、地方法務局とその支局、法務大臣が指定する出張所などになります。

て得であり、下回る場合には代価弁済で債権の回収は見込めないので、抵当権者が自らこの制度を利用することはあまりないと考えられます。

　したがって、抵当権が設定された区分所有権を取得した者としては、抵当権消滅請求を行って抵当権を消滅させるほうが合理的であると考えられます。

《参考法令》

民法378条（代価弁済）

　　抵当不動産について所有権又は地上権を買い受けた第三者が、抵当権者の請求に応じてその抵当権者にその代価を弁済したときは、抵当権は、その第三者のために消滅する。

民法379条（抵当権消滅請求）

　　抵当不動産の第三取得者は、第383条の定めるところにより、抵当権消滅請求をすることができる。

民法380条〔抵当権消滅請求〕

　　主たる債務者、保証人及びこれらの者の承継人は、抵当権消滅請求をすることができない。

民法381条〔抵当権消滅請求〕

　　抵当不動産の停止条件付第三取得者は、その停止条件の成否が未定である間は、抵当権消滅請求をすることができない。

民法382条（抵当権消滅請求の時期）

　　抵当不動産の第三取得者は、抵当権の実行としての競売による差押えの効力が発生する前に、抵当権消滅請求をしなければならない。

民法383条（抵当権消滅請求の手続）

　　抵当不動産の第三取得者は、抵当権消滅請求をするときは、登記をした各債権者に対し、次に掲げる書面を送付しなければならない。

　一　取得の原因及び年月日、譲渡人及び取得者の氏名及び住所並びに抵当不動産の性質、所在及び代価その他取得者の負担を記載した書面

　二　抵当不動産に関する登記事項証明書（現に効力を有する登記事項のすべてを証明したものに限る。）

　三　債権者が2箇月以内に抵当権を実行して競売の申立てをしないときは、抵当不動産の第三取得者が第1号に規定する代価又は特に指定した金額を債権の順位に従って弁済し又は供託すべき旨を記載した書面

民法384条（債権者のみなし承諾）

　次に掲げる場合には、前条各号に掲げる書面の送付を受けた債権者は、抵当不動産の第三取得者が同条第三号に掲げる書面に記載したところにより提供した同号の代価又は金額を承諾したものとみなす。

一　その債権者が前条各号に掲げる書面の送付を受けた後2箇月以内に抵当権を実行して競売の申立てをしないとき。

二　その債権者が前号の申立てを取り下げたとき。

三　第1号の申立てを却下する旨の決定が確定したとき。

四　第1号の申立てに基づく競売の手続を取り消す旨の決定（民事執行法第188条において準用する同法第63条第3項若しくは第68条の3第3項の規定又は同法第183条第1項第5号の謄本が提出された場合における同条第2項の規定による決定を除く。）が確定したとき。

民法385条（競売の申立ての通知）

　第383条各号に掲げる書面の送付を受けた債権者は、前条第1号の申立てをするときは、同号の期間内に、債務者及び抵当不動産の譲渡人にその旨を通知しなければならない。

民法386条（抵当権消滅請求の効果）

　登記をしたすべての債権者が抵当不動産の第三取得者の提供した代価又は金額を承諾し、かつ、抵当不動産の第三取得者がその承諾を得た代価又は金額を払い渡し又は供託したときは、抵当権は、消滅する。

民法494条（供託）

1　弁済者は、次に掲げる場合には、債権者のために弁済の目的物を供託することができる。この場合においては、弁済者が供託をした時に、その債権は、消滅する。

一　弁済の提供をした場合において、債権者がその受領を拒んだとき。

二　債権者が弁済を受領することができないとき。

2　弁済者が債権者を確知することができないときも、前項と同様とする。ただし、弁済者に過失があるときは、この限りでない。

⑷　買戻しのための売渡請求　【取壊し決議の場合】

　ここでは、売渡請求に応じた者が「買戻しのための売渡請求」ができる場合について確認しておいてください。

　取壊し決議から2年以内に取壊し工事に着手しない場合は、売渡請求に応じた者は、支払われた代金と同じ金額を2年経過の日から6カ月以内に売渡しの相手方に支払って、区分所有権または敷地利用権の売渡しを請求する（買戻しのための売渡請求をする）ことができます。ただし、取壊し工事に着手しなかった正当な理由がある場合は、「買戻しのための売渡請求」はできません。

　また、取壊し決議から2年が経過し、正当な理由があって工事に着手しなかった場合でも、工事着手を妨げる理由がなくなった日から6カ月以内に工事着手しない場合は、以下の①か②のいずれか早い時期までに買戻しの請求をすることができます。

　①　理由がなくなったことを知った日から6カ月

　②　理由がなくなった日から2年

《参考法令》

被災マンション法11条（取壊し決議等）

3　取壊し決議については、第9条第3項から第8項まで並びに区分所有法第63条第1項から第4項まで、第6項及び第7項並びに第64条の規定を準用する。（以下、略）

区分所有法63条（区分所有権等の売渡し請求等）読み替え

6　取壊し決議の日から2年以内に建物〔＝区分所有建物〕の取壊しの工事に着手しない場合には、第4項の規定により区分所有権又は敷地利用権を売り渡した者は、この期間の満了の日から6月以内に、買主が支払つた代金に相当する金銭をその区分所有権又は敷地利用権を現在有する者に提供して、これらの権利を売り渡すべきことを請求することができる。ただし、建物〔＝区分所有建物〕の取壊しの工事に着手しなかつたことにつき正当な理由があるときは、この限りでない。

7　前項本文の規定は、同項ただし書に規定する場合において、建物〔＝区分所有建物〕の取壊しの工事の着手を妨げる理由がなくなつた日から6月以内にその着手をしないときに準用する。この場合において、同項本文中「この期間の満了の日から6月以内に」とあるのは、「建物〔＝区分所有建物〕の取壊しの工事の着手を妨げる理由がなくなつたことを知つた日から6月又はその理由がなくなつた

日から２年のいずれか早い時期までに」と読み替えるものとする。

⑸　公費解体申請　【公費解体をする場合】

⒜　申請書類

公費解体の申請をするためには、以下の提出が求められる場合があります。自治体によって①〜⑥のどれが求められるかは異なります（前記⑴⑷参照）。

①　建物取壊しについての区分所有者全員からの同意書

②　残置物（住戸内に残された家財等）処分について区分所有者全員からの同意書

③　区分所有法62条の建替え決議を可決したことが記載されている議事録

④　被災マンション法11条の取壊し決議を可決したことが記載されている議事録

⑤　抵当権者全員からの同意書

⑥　賃借人全員からの同意書

管理組合として、区分所有者や抵当権者、賃借人に対し、建物取壊しまたは残置物処分についての同意書の提出を求めます。

　必要な同意書が揃ったことを確認して、自治体に公費解体申請を行います。

⒝　申請期限

　公費解体には申請期限がありますので、注意してください。また、申請期限は途中で延長されることがあります。実際に、東日本大震災では仙台市が、熊本地震では熊木市が、申請期限を当初は発災から１年後に設定していましたが、その後、それぞれ公費解体申請期限を半年ほど延長しています。

　公費解体申請期限までに、建物取壊しに必要な同意書が揃っていなくても、公費解体申請の意思がある場合、取りあえず申請書だけは受け取ってもらい、残りの同意書の提出を待ってもらえる場合があります。このようなことが可

能か、自治体に確認しておくとよいでしょう（前記①(4)熊本市の公費解体制度参照）。

> ### ***Point*** 取壊し決議に賛成したにもかかわらず同意書を提出しない区分所有者への対応[38]
>
> 　取壊し決議に賛成したにもかかわらず、公費解体の同意書を提出しない区分所有者に対しては、区分所有権の売渡しを請求することはできません。売渡請求の対象は、取壊しに参加しない者（取壊し決議の非賛成者）に限られます。
>
> 　このような者に対しては、区分所有法6条1項「建物の保存に有害な行為その他建物の管理又は使用に関し区分所有者の共同の利益に反する行為」に該当するとして、同法57条「共同の利益に反する行為の停止等の請求」による妨害禁止の請求、または、同法59条「区分所有権の競売の請求」を行うことができると考えられます。
>
> 　区分所有法6条1項は、既存の建物を維持する方向での定めになっていますが、これは大規模地震等で大規模一部滅失した建物の取壊しまでを想定した定めになっていないからです。大規模一部滅失した建物をそのままにしておくことは、隣接敷地の建物や居住者、通行人に被害を与えることになるなど「有害」といえます。また、取壊し決議も広義の「管理」に該当すると考えられ、これに反して同意書を提出しないということは、公費解体を困難にさせるという点で「共同の利益に反する行為」と考えられます。
>
> 　公費解体の同意書を提出しない区分所有者に対して、区分所有法57条や59条の請求訴訟を行う場合は、その解決が、公費解体制度の申請期限に間に合うか十分に注意してください（東日本大震災や熊本地震では

38　篠原・前掲（注15）60頁。

発災から1年半後が申請期限でした）。

　さらに、請求訴訟で勝訴した場合にも、同意書の署名捺印を強制する
ものではありません。しかし、自治体には、裁判所の判断をもって不同
意だった者が同意書を提出した場合と同じ扱いをしてもらうことができ
ると考えられます。

【参考】　全員同意を得ずに公費解体

　東日本大震災で被災したHSマンションは、全員からの同意書が揃わ
ない段階で取壊しを行い、仙台市から公費助成を受けています。マンショ
ンの敷地に隣接して小学校があり、外壁の崩落によって児童に危険が及
ぶ可能性があったため、早期解体が必要であると仙台市は判断しました。

【参考】　同意書に協力しない区分所有者への対応[39]

　熊本地震で被災したDKマンションでは、取壊し決議に賛成したにも
かかわらず、公費解体の同意書を提出しない区分所有者Eがいたため、
解体工事に長い期間着手することができない事例がありました（前記
②(5)参照）。

　熊本市は、「取壊し決議の効力は、あくまでも建物の取壊しについて
の同意であるため、建物内部に残された家財にまで効力が及ばない」と
いう立場から、取壊し決議が可決されていたとしても、区分所有者全員
から公費解体（残置物処分も含む）の同意書の提出を、公費解体申請受理
の条件としていました。

　Eは、被災して傾いたマンションの住戸内に持ち出したい「価値のあ

39　久保＝田中・前掲（注26）99頁～101頁。

る家財（高額な仏壇）」があり、その対応をする費用がないとの理由で同意書の提出を拒否して時間を浪費させていました。そこで、管理組合は臨時総会を開催し、Eの主張する「価値のある家財」を管理組合が業者を雇い、持ち出すことを決議しました。

　家財の持出しに先立ち、Eにはその期限を通知し、持出日には、Eの物理的な妨害行為にも備えて警察にも事前連絡するなどの対応を行いました。警察は管理組合に好意的であり、妨害行為があれば連絡してほしいとの回答でした。当日は、管理組合の委託する管理会社の担当者が終日立ち会いましたが、Eは現れないまま、家財の持出しは終了しました。実際には、金銭価値のある家財は見当たらなかったとのことです。その後、一定期間の保管を経て、Eの家財は処分されました。

　解体に伴うEの私有財産処分については、管理組合が責任を負うことを熊本市と約束し、Eからの同意書なしで熊本市は解体工事を実施しました。

《参考法令》
区分所有法6条（区分所有者の権利義務等）
1　区分所有者は、建物の保存に有害な行為その他建物の管理又は使用に関し区分所有者の共同の利益に反する行為をしてはならない。
区分所有法57条（共同の利益に反する行為の停止等の請求）
1　区分所有者が第6条第1項に規定する行為をした場合又はその行為をするおそれがある場合には、他の区分所有者の全員又は管理組合法人は、区分所有者の共同の利益のため、その行為を停止し、その行為の結果を除去し、又はその行為を予防するため必要な措置を執ることを請求することができる。
2　前項の規定に基づき訴訟を提起するには、集会の決議によらなければならない。
3　管理者又は集会において指定された区分所有者は、集会の決議により、第1項の他の区分所有者の全員のために、前項に規定する訴訟を提起することができる。

4　前 3 項の規定は、占有者が第 6 条第 3 項において準用する同条第 1 項に規定
する行為をした場合及びその行為をするおそれがある場合に準用する。

区分所有法59条（区分所有権の競売の請求）

1　第57条第 1 項に規定する場合において、第 6 条第 1 項に規定する行為による
区分所有者の共同生活上の障害が著しく、他の方法によってはその障害を除去
して共用部分の利用の確保その他の区分所有者の共同生活の維持を図ることが
困難であるときは、他の区分所有者の全員又は管理組合法人は、集会の決議に
基づき、訴えをもって、当該行為に係る区分所有者の区分所有権及び敷地利用
権の競売を請求することができる。

2　第57条第 3 項の規定は前項の訴えの提起に、前条第 2 項及び第 3 項の規定は
前項の決議に準用する。

3　第 1 項の規定による判決に基づく競売の申立ては、その判決が確定した日か
ら 6 月を経過したときは、することができない。

4　前項の競売においては、競売を申し立てられた区分所有者又はその者の計算
において買い受けようとする者は、買受けの申出をすることができない。

⑹　公費助成の申請　【自費解体をする場合】

　建物崩落により近隣に危険を与える可能性があるなど、一刻も早く建物を
取り壊す必要がある場合には、自費解体後に自治体から公費助成（費用償還）
を受ける約束を取り付けたうえで、公費解体を待たずに自費解体を行います。
公費助成が必ず得られるとは限らないので、この段階までに自治体に確認し
ておくことが必要です（前記[1](4)参照）。

⑺　解体業者との契約　【自費解体をする場合】

　自費解体をする場合は、理事会または専門委員会で解体業者を選定し、見
積りをとって、取壊し決議時に定めた「区分所有建物の取壊しに要する費用
の概算額」（前記[2](8)参照）に近い金額であることを確認します。

　概算額と見積額が大きくかけ離れる場合は、決議が無効になる可能性があ
りますので注意してください。

⑻　管理組合残余財産の分配および敷地売却活動資金の確保

(A)　敷地売却活動資金の確保

区分所有法上は、建物を取り壊すと管理組合は消滅します。したがって、建物取壊し後は、管理組合として敷地売却をすることはできません。管理組合とは別に、敷地共有者団体（任意の団体）を組織して敷地売却に取り組むことになります。

敷地共有者団体が敷地売却に取り組むためには、活動資金が必要になります（後述）。そのため、管理組合の残余財産のすべてまたは一部を、敷地売却の活動資金として残しておく必要があります。

この時点で、管理組合の残余財産の一部を区分所有者に分配してもかまいませんが、すべてを分配すると、敷地売却のための活動資金を確保できなくなりますので、注意してください。

(B)　敷地売却の活動資金

敷地売却活動に必要な費用には、以下のものがあります。

①　敷地売却の仲介手数料

②　不動産広告費用

③　敷地境界確定協議費用

④　訴訟費用[40]

⑤　事務費用

⑥　専門家依頼費用

⑦　一般社団法人設立費用（設立登記費用、清算結了までの司法書士費用）

(C)　敷地売却活動資金の貸与

敷地共有者団体は管理組合とは異なる組織ですので、管理組合が残してお

40　東日本大震災で被災し、敷地売却を行ったDAマンションでは、敷地売却の段階で、共有持分移転請求訴訟に多くの訴訟費用が費やされています（93頁参照）。

いた敷地売却の活動資金を、そのまま敷地共有者団体が使うことはできません。

そこで、「管理組合の残余財産がある場合には、その中から敷地売却の活動資金を、敷地共有者団体に『貸与』する」ということを管理組合の総会で決議します（「貸与」は管理行為であるため、普通決議でかまいません）。

ここで「贈与」ではなく「貸与」とするのは、「贈与」の場合は管理組合財産の「処分」にあたり、これは管理行為ではないため全員同意が必要になってしまうからです。

【参考】　管理組合の残余財産を残さずにすべて分配した例

　東日本大震災で被災したＳＴマンションでは、建物取壊し後に管理組合の残余財産をすべて旧区分所有者に分配してしまいました。その結果、敷地売却を行う活動資金を、旧区分所有者（敷地共有者）からカンパとして募りましたが、それでも活動資金の確保に苦労する結果となりました。

⑼　管理組合の消滅と管理組合法人の解散

⒜　実務上は、建物を取り壊しても管理組合は消滅しない

建物を取り壊すと区分所有法の対象外となり、区分所有法上は、管理組合は消滅することになります。

公費解体の場合は、地面より上の部分しか解体の対象となりません。しかし、区分所有法上は管理組合が消滅したとしても、「管理組合として」建物取壊しを決議した場合には、地面より下の基礎や杭の撤去は、「管理組合として」行うことが望ましいと考えます。

したがって、区分所有法上は建物を取り壊すと管理組合は消滅しますが、実務上は、建物を取り壊した後も、残余財産の清算が必要であり、清算するまでの間はなお存在します。その間に管理組合財産の清算を行い、管理組合

業務を結了⁴¹させます。ですので、実務上は、建物取壊し後の敷地売却事業が完全に終了するまで、管理組合は存続することになります。

建物取壊し後の敷地売却事業では、管理組合から敷地共有者団体に活動資金を「貸与」することになりますが（前記(8)参照）、管理組合は敷地売却事業が終了するまで存続するので、「貸与」した活動資金を敷地共有者団体から返却してもらうことができます。

まとめると、以下のようになります。

① 建物取壊しにより、管理組合は、区分所有法上は消滅します。

② しかし、実務上は、清算までの間はなお存続します。

③ 「基礎や杭など建物地下部分の撤去」、「敷地共有者団体への活動資金貸与」および「残余財産の清算」があるため、建物取壊し後すぐに清算することはできません。

④ したがって、清算は、敷地売却が終了してからとなります。敷地売却後もしばらくは、管理組合は存続することになります。

ちなみに、マンション標準管理規約（単棟型）32条14号には、管理組合が行う業務として「管理組合の消滅時における残余財産の清算」という項目があり、区分所有法上は管理組合が消滅した後も、残余財産を清算するまで管理組合が存続することが明示されています。

(B) 管理組合法人の解散

管理組合が法人化されている場合には、区分所有法55条により、集会の決議（区分所有者および議決権の各4分の3以上の多数を必要とする特別多数決議）をもって、管理組合法人を解散することができます。しかし、その場合にも、区分所有建物自体は存在しているので、管理組合は、「法人ではない管理組合」として存続することになります（「管理組合の解散」ではないので注

---

41 結了（けつりょう）とは、完全に終了させること。清算によりお金の貸し借りがなくなり、残余財産がゼロになることが結了です。

意）。

【参考】　管理組合法人の解散と管理組合の消滅を混同した例

　　東日本大震災で被災した仙台市内のＳＴマンションでは、建物の取壊しを全員同意で決定した後、管理組合法人の解散を総会で決議しました（区分所有法55条）。その際、清算人（同法55条の３）となった弁護士が管理組合法人の解散決議をもって管理組合も消滅したと勘違いして、管理組合の残余財産をすべて分配し、管理組合が消滅したことを区分所有者に周知してしまいました。

《参考法令》

区分所有法55条（解散）

1　管理組合法人は、次の事由によつて解散する。

　一　建物（一部共用部分を共用すべき区分所有者で構成する管理組合法人にあつては、その共用部分）の全部の滅失

　二　建物に専有部分がなくなつたこと。

　三　集会の決議

2　前項第3号の決議は、区分所有者及び議決権の各4分の3以上の多数である。

区分所有法55条の2（清算中の管理組合法人の能力）

　　解散した管理組合法人は、清算の目的の範囲内において、その清算の結了に至るまではなお存続するものとみなす。

区分所有法55条の3（清算人）

　　管理組合法人が解散したときは、破産手続開始の決定による解散の場合を除き、理事がその清算人となる。ただし、規約に別段の定めがあるとき、又は集会において理事以外の者を選任したときは、この限りでない。

区分所有法55条の4（裁判所による清算人の選任）

　　前条の規定により清算人となる者がないとき、又は清算人が欠けたため損害を生ずるおそれがあるときは、裁判所は、利害関係人若しくは検察官の請求により又は職権で、清算人を選任することができる。

区分所有法55条の5（清算人の解任）

　　重要な事由があるときは、裁判所は、利害関係人若しくは検察官の請求により又は職権で、清算人を解任することができる。

区分所有法55条の6（清算人の職務及び権限）

1　清算人の職務は、次のとおりとする。

　一　現務の結了

　二　債権の取立て及び債務の弁済

　三　残余財産の引渡し

2　清算人は、前項各号に掲げる職務を行うために必要な一切の行為をすることができる。

敷地売却

●敷地売却の流れ──敷地売却の３段階

　敷地売却までの取組みもまた、建物取壊しまでの取組みと同様に、大きく「検討段階」「計画段階」「実施段階」の３段階に分かれます。

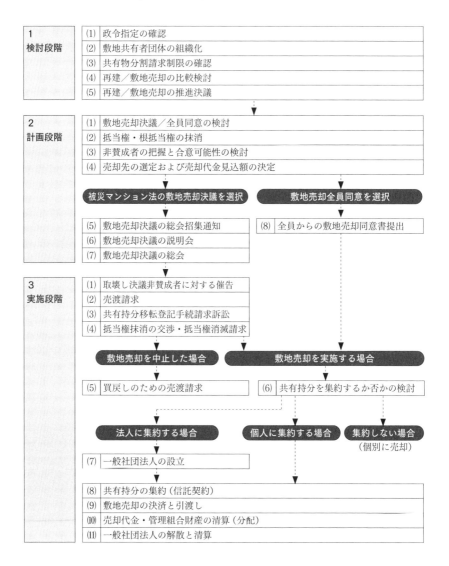

① 検討段階

　ここでは、全部滅失になった場合、または取壊し決議や全員同意によって建物が取り壊された場合に、再建と敷地売却、どちらの方向性で合意形成を進めていくべきかを決定する推進決議（後記(5)）までの検討の進め方について説明します。

(1)　政令指定の確認

　「被災マンション法２条の災害として政令指定された災害」によって、マンションが被災したかどうかをまず確認します（第１章①(1)参照）。

　被災マンション法５条の「敷地売却決議」ができるのは、同法２条により、以下の①と②の２点を満たしている場合に限られます。十分に注意して、確認してください。

敷地売却決議ができる前提条件

① 　以下ⓐ〜ⓒのうちのいずれかを満たしていること

　ⓐ 　被災マンション法11条の「取壊し決議」に基づき建物が取り壊されている

　ⓑ 　「被災マンション法２条の災害として政令指定された災害」で大規模一部滅失になった建物を全員同意で取り壊している

　ⓒ 　「被災マンション法２条の災害として政令指定された災害」で全部滅失になっている

② 　政令指定（政令の施行）の日から３年以内

　すなわち、大規模な災害で建物が全部滅失になっていたり、全員同意で建物を取り壊していたりしても、その災害が被災マンション法２条の災害とし

て政令指定されていなければ、被災マンション法自体が適用されません（被災マンション法5条の敷地売却決議はできません）。

政令指定については、第1章①(1)を参照してください。

《参考法令》

被災マンション法2条（敷地共有者等集会等）

　大規模な火災、震災その他の災害で政令で定めるものにより建物の区分所有等に関する法律（昭和37年法律第69号。以下「区分所有法」という。）第2条第3項に規定する専有部分が属する一棟の建物（以下「区分所有建物」という。）の全部が滅失した場合（その災害により区分所有建物の一部が滅失した場合〔＝大規模一部滅失〕（区分所有法第61条第1項本文に規定する場合を除く。以下同じ。）において、当該区分所有建物が第11条第1項の決議〔＝取壊し決議〕又は区分所有者（区分所有法第2条第2項に規定する区分所有者をいう。以下同じ。）全員の同意に基づき取り壊されたときを含む。）において、その建物に係る敷地利用権（区分所有法第2条第6項に規定する敷地利用権をいう。以下同じ。）が数人で有する所有権その他の権利であったときは、その権利（以下「敷地共有持分等」という。）を有する者（以下「敷地共有者等」という。）は、その政令の施行の日から起算して3年が経過する日までの間は、この法律の定めるところにより、集会を開き、及び管理者を置くことができる。

(2)　敷地共有者団体の組織化

(A)　区分所有関係の解消

取壊し決議や全員同意によって建物が取り壊された場合や、大規模災害によって全部滅失になった場合には、区分所有建物は存在しないことになり、区分所有法の対象外となります。したがって、区分所有関係は解消され、区分所有者という概念は消滅します。そのため、建物取壊し後の敷地売却に向けた取組みは、敷地共有者団体として行われます。

区分所有関係の解消に伴い、区分所有法上は管理組合（同法3条の団体）もまた消滅することになりますが、実務上は残余財産を清算するまでなお管理

組合は存続します（第1章③(9)参照）。

(B)　敷地共有者団体の設立

　旧区分所有者は、「敷地共有者」となります。昭和58年（1983年）区分所有法改正前のマンションでは、敷地権の制度がなかったため、現在も建物と敷地が別々に登記されている場合があります。そのようなマンションでは、稀に、建物（専有部分）の区分所有者として登記はされていても、敷地の共有者として登記がされていない場合があります。その場合は、建物が取り壊された場合や、全部滅失になった場合に、建物の旧区分所有者であっても、敷地共有者にならない場合があるので注意してください（第3章①参照）。

　敷地共有者は、被災マンション法に基づいて敷地売却を進めていく場合は、新たに、すべての敷地共有者が参加する団体（本書では「敷地共有者団体」と呼ぶことにします）を設立します。

　敷地共有者団体は、旧管理組合と同じ構成員であったとしても、旧管理組合とは全く異なる組織となります。

(C)　敷地共有者集会と管理者

　区分所有法の対象外になると、多数の敷地の権利者（敷地共有者）は、民法の共有の規定に従って、全員同意で共有敷地の管理等を行わなければならなくなってしまいます。これは極めて困難です。

　そこで、被災マンション法では、敷地管理の円滑化を図るため、可能な限り区分所有法の規律に準じて、敷地共有者が集会を開き、管理者を置くことができるように規定しています（被災マンション法2条）。

　これらは、再建決議や敷地売却決議が行われるまでの「暫定的な管理」を目的として規定されたものなので、区分所有法のように、規約に関する規定はなく、敷地共有者団体の規約を定めることはできません。

　さらに、集会の開催と、管理者の設置に関する規定は、被災マンション法2条の災害として政令指定されてから3年に限り有効です。この規定があるため、敷地売却決議は政令指定から3年以内に行わなければならないのです

(前記(1)参照)。

　敷地共有者集会は、管理者が招集します。管理者が定められていないときは、議決権の5分の1以上を有する敷地共有者が敷地共有者集会を招集します(被災マンション法3条が準用する区分所有法34条)。

　管理者は、敷地共有者集会の決議(普通決議：議決権の過半数)によって選任、または解任します。

(D)　世話人会の組織

　敷地共有者が多い場合は、今後の合意形成を円滑に進めていくためにも、管理組合の理事会のような役割を担う、選出された数名の「世話人」からなる「世話人会(代表者会、役員会、運営委員会など名称は自由です)」を、敷地共有者団体の内部に組織するとよいでしょう。

　世話人会の代表を、被災マンション法2条が規定する「管理者」とすることで、敷地売却事業を円滑に進めていきやすくなると考えられます。

(E)　敷地共有者団体の活動費

　敷地共有者団体は管理組合とは異なる組織ですので、管理組合の残余財産を、敷地共有者団体がそのまま売却活動資金として使うことはできません。

　そこで、管理組合の残余財産がある場合は、その中から敷地売却の活動資金を、敷地共有者団体に「貸与」することを管理組合の総会で決議したうえで(「貸与」は管理行為であるため、普通決議でかまいません)、管理組合から活動敷金を「借入れ」します(第1章③(8)参照)。

　敷地売却の際に、共有持分を集約する目的で一般社団法人を設立する場合(後記③(6)、(7)参照)は、一般社団法人設立の費用も敷地共有者団体で準備します。具体的には、法人設立・解散費用、売渡請求の立替え費用(敷地共有者団体で立て替える場合)、集約の際の登記費用が考えられます。

【参考】 ＤＡマンション敷地共有者会の活動費（売渡請求の立替え費用は含まない）

科　目	金　額
不動産仲介手数料	500万円
不動産取得税・移転登記料（売渡請求関係）	40万円
弁護士費用（支援目的のため低廉な費用）	（240万円）
報　酬	50万円
出席日当	33万円
訴訟費用（5名分）	150万円
売渡請求（5名分）	5万円
司法書士費用	（235万円）
信託登記	200万円
法人設立・解散	35万円
マンション管理士費用（支援目的のため低廉な費用）	（150万円）
顧問料月額＠5万円（2年半＝30カ月）	150万円
世話人会経費（出席日当・交通費）	40万円
その他	（50万円）
租税公課・共有地の固定資産税※	20万円
租税公課・領収書添付印紙	10万円
事務費・会場費	10万円
振込手数料	10万円
総　計	1225万円

※　「共有地の固定資産税」：ＤＡマンションには規約敷地があり、その固定
　資産税を管理組合がこれまで支払ってきたものを、建物取壊し後は、敷地
　共有者団体が継承することになったものです。

【参考】　建物取壊し後の敷地管理[42]

　熊本地震で被災したＳＳマンションでは、建物取壊し後の敷地に雑草
が生い茂り、売却までの間の除草費用が、敷地共有者団体にとっては想

42　久保＝田中・前掲（注26）99頁〜101頁。

定外の出費となりました。

【参考】　管理者と世話人の選出[43]

　　東日本大震災で被災したＤＡマンションでは、敷地共有者会設立集会において、5名の世話人とその代表者として管理者が選任されています。

《参考法令》

被災マンション法2条（敷地共有者等集会等）

　　大規模な火災、震災その他の災害で政令で定めるものにより建物の区分所有等に関する法律（昭和37年法律第69号。以下「区分所有法」という。）第2条第3項に規定する専有部分が属する一棟の建物（以下「区分所有建物」という。）の全部が滅失した場合（その災害により区分所有建物の一部が滅失した場合〔＝大規模一部滅失〕（区分所有法第61条第1項本文に規定する場合を除く。以下同じ。）において、当該区分所有建物が第11条第1項の決議〔＝取壊し決議〕又は区分所有者（区分所有法第2条第2項に規定する区分所有者をいう。以下同じ。）全員の同意に基づき取り壊されたときを含む。）において、その建物に係る敷地利用権（区分所有法第2条第6項に規定する敷地利用権をいう。以下同じ。）が数人で有する所有権その他の権利であったときは、その権利（以下「敷地共有持分等」という。）を有する者（以下「敷地共有者等」という。）は、その政令の施行の日から起算して3年が経過する日までの間は、この法律の定めるところにより、集会を開き、及び管理者を置くことができる。

区分所有法34条（集会の招集）読み替え

1　敷地共有者等集会は、管理者が招集する。

5　管理者がないときは、議決権の5分の1以上を有する敷地共有者等は、敷地共有者等集会を招集することができる。（以下、準用せず）

区分所有法39条（議事）読み替え

43　折田泰宏「仙台市の3被災マンションの事例からみた改正被災マンション法の問題点」マンション学51号209頁。

1　敷地共有者集会の議事は、被災マンション法に別段の定めがない限り、議決権の過半数で決する。

⑶　共有物分割請求制限の確認

(A)　共有物分割請求の制限

取壊し決議や全員同意によって建物が取り壊された場合や、大規模災害によって全部滅失になった場合には区分所有法の対象外となり、敷地は民法の共有状態となります。民法では、共有者はいつでも共有物の分割を請求できます（民法256条1項）が、それでは敷地売却決議ができなくなるおそれがあります。たとえば、敷地売却決議に向けて敷地共有者間で合意形成を進めている間に、ある敷地共有者が共有物分割を請求すれば、その時点で敷地売却決議はできなくなってしまうのです。

そこで、被災マンション法では、以下の①と②の場合それぞれについて分割請求ができない期間を設けています（被災マンション法6条）。

①　政令指定の災害（被災マンション法2条）で全部滅失した場合

②　政令指定の災害（被災マンション法2条）で大規模一部滅失して、取壊し決議や全員同意で取り壊した場合

(B)　全部滅失の場合

政令指定の災害（被災マンション法2条）で全部滅失した場合（取壊し決議や全員同意による取壊しを除く）は、政令施行の日から1カ月を経過する日の翌日以降、政令施行の日から3年間は分割請求ができません（被災マンション法6条1項本文）。

ただし、議決権の5分の1を超える敷地共有者による分割請求があった場合や、敷地売却決議などができない顕著な理由があった場合は、制限する理由がないので、分割請求は許容されます（被災マンション法6条1項ただし書）。

(C)　取壊し決議や全員同意による取壊しの場合

政令指定の災害（被災マンション法2条）で大規模一部滅失し、取壊し決議

や全員同意によって取り壊した場合は、政令施行の日から3年間は分割請求ができません（被災マンション法6条2項前段）。

　ただし、議決権の5分の1を超える敷地共有者による分割請求があった場合や、敷地売却決議などができない顕著な理由があった場合は、制限する理由がないので、分割請求は許容されます（被災マンション法6条2項後段）。

【参考】　共有物分割請求

　1つの物の管理・処分を数人で行う共有は、権利関係が複雑になります。そこで、各共有者は、共有関係を解消するため、いつでも共有物の分割を請求することができます。

　共有物を分割するには、①現物分割、②代金分割、③価格賠償、の3つの方法があります。

　①　現物分割：共有物を物理的に分割して（敷地を分筆して）、各共有者に帰属させる方法です。

　②　代金分割：共有物（敷地）を第三者に売却し、その代金（売却代金）を各共有者で分割する方法です。

　③　価格賠償：共有者の1人が共有物（敷地）のすべての共有持分を取得し、他の共有者に金銭（持分相当の金銭）を支払う方法です。

【参考】　被災マンション法適用前に分割請求した事例

　東日本大震災で被災（大規模一部滅失）したCSマンションは、東日本大震災が政令指定されていない段階で、全員同意および公費解体で建物を取り壊した後、敷地持分の半分を有する敷地共有者（法人所有者）が民法の共有物分割請求を行い、最終的には価格賠償の方法により、その請求者がすべての敷地持分を取得することになりました。

《参考法令》

被災マンション法6条（敷地共有持分等に係る土地等の分割請求に関する特例）

1　第2条の政令で定める災害により全部が滅失した区分所有建物に係る敷地共有者等は、民法（明治29年法律第89号）第256条第1項本文（同法第264条において準用する場合を含む。）の規定にかかわらず、その政令の施行の日から起算して1月を経過する日の翌日以後当該施行の日から起算して3年を経過する日までの間は、敷地共有持分等に係る土地又はこれに関する権利について、分割の請求をすることができない。ただし、5分の1を超える議決権を有する敷地共有者等が分割の請求をする場合その他再建決議、敷地売却決議又は第18条第1項の決議をすることができないと認められる顕著な事由がある場合は、この限りでない。

2　第2条の政令で定める災害により区分所有建物の一部が滅失した場合において、当該区分所有建物が第11条第1項の決議又は区分所有者全員の同意に基づき取り壊されたときは、当該区分所有建物に係る敷地共有者等は、民法第256条第1項本文（同法第264条において準用する場合を含む。）の規定にかかわらず、その政令の施行の日から起算して3年を経過する日までの間は、敷地共有持分等に係る土地又はこれに関する権利について、分割の請求をすることができない。この場合においては、前項ただし書の規定を準用する。

民法256条（共有物の分割請求）

1　各共有者は、いつでも共有物の分割を請求することができる。ただし、5年を超えない期間内は分割をしない旨の契約をすることを妨げない。

2　前項ただし書の契約は、更新することができる。ただし、その期間は、更新の時から5年を超えることができない。

(4)　再建／敷地売却の比較検討

(A)　建物取壊しと敷地売却をセットで推進決議している場合

すでに建物取壊しと敷地売却をセットで推進決議している場合（第1章①(7)参照）は、この段階であらためて方向性を比較検討する必要はありませんので、読み飛ばしていただいてかまいません。

(B)　今後の方向性を比較検討

敷地共有者団体の世話人会（前記(2)）で、再建するか、敷地を売却するか、今後の方向性を比較検討します。

東日本大震災や熊本地震で取壊し決議や全員同意の取壊しを行ったマンションのほとんどは、建物取壊しの段階で、最終的には敷地を売却することを想定していました。建物取壊し後に、再建を選択する事例は熊本地震で被災した1事例にとどまっています。

建物取壊しの段階で敷地売却を想定している場合でも、あらためてこの段階で、世話人会で今後の方向性を再確認するとよいでしょう。

(C)　敷地共有持分の集約

再建や敷地売却以外の方向性として、敷地共有持分集約の方法、すなわち、敷地共有者の1人が、他の敷地共有者全員から敷地共有持分を個別に買い取り、最終的には1つの（敷地）所有権に集約するという方法があります。

同様に、敷地共有者以外の外部の者が、敷地共有者全員から敷地共有持分を個別に買い取り、1つの所有権に集約することも可能です。

しかし、これらの方法は、強制力を伴わない任意の買取りとなるため、確実に1つの所有権に集約できない可能性もあります。

そのような場合には、政令指定（第1章①(1)参照）の日から3年を経過した後に、共有持分を買い集めている者が、共有物分割請求（前記(3)参照）を行うことで、共有持分を集約することが可能となります。

区分所有者が少なく、集約の見通しが立つ場合（目安として20戸未満）は、敷地共有持分を集約するほうが敷地売却決議を行うよりも手続が少ないため、迅速に区分所有関係を解消することができる可能性があります。

【参考】　敷地共有持分を集約したＣＳマンション

仙台市のＣＳマンションでは、全20戸中10戸を所有していた大口所有者のＦが、建物取壊し全員同意の時から2年3カ月をかけて残り10

戸の敷地共有持分を買い取り、1つの所有権に集約しました。建物取壊し全員同意の際に、共有持分の売却を呼びかけたところ、5戸が共有持分の売却に応じなかったため、Fは共有物分割請求訴訟を行い（当時は被災マンション法改正前であり、政令指定はなされていませんでした）、最終的には共有物分割が成立し、Fによる5戸の買取りが完了しました。

(D) 再建・建替え

阪神・淡路大震災では、全部滅失したマンションで再建を選択した事例が多数あります。当時は、被災マンション法改正前で敷地売却制度がなかったため、敷地売却をするためには全員同意が必要でした。

再建を選択することが、建物取壊し前に想定されているのであれば、その段階で区分所有法62条の建替え決議または同法70条の団地一括建替え決議で建替え（序章③(3)参照）を選択するほうが合理的な場合もあります。

東日本大震災では、仙台市内のNMマンションが区分所有法62条の建替え決議に基づいて建替えを実施しました。また、熊本地震でも、KKマンションが区分所有法70条の団地一括建替え決議に基づいて建替えを実施しています。

(5) 再建／敷地売却の推進決議

(A) 建物取壊しと敷地売却をセットで推進決議している場合

すでに建物取壊しと敷地売却をセットで推進決議している場合（第1章①(7)参照）は、この段階であらためて推進決議を行う必要はありませんので、読み飛ばしていただいてかまいません。

ただし、建物取壊し後、敷地共有者から再建やその他の方向性を希望する意見があるようでしたら、念のため、この段階で敷地売却の推進決議を行うほうが安全でしょう。

(B)　再建または敷地売却の推進決議

「推進決議」の位置づけについては、第1章①(7)を参照してください。

　敷地共有者団体の世話人会（前記(2)）で、再建するか、敷地を売却するか、今後の方向性を比較検討したうえで、敷地共有者集会で比較データを提示し、敷地共有者団体として、どの方向性で合意形成を進めていくか、「推進決議」という形で確定します。

　再建と敷地売却のどちらで進めていく場合にも、敷地共有者による「再建推進決議」や「敷地売却推進決議」とすることが望ましいと考えられます。「推進決議」は、被災マンション法に規定されているものではないので、過半数決議でもかまいません。しかし、被災マンション法で規定された「再建決議」や「敷地売却決議」が敷地共有者の議決権の5分の4以上の多数による賛成が必要となることを考えると、この時点で議決権の5分の4に近い合意を得ておく必要があると思われます。

　なお、推進決議で行うのは、今後の決議に向けた「方向性の確定」であり、再建決議や敷地売却決議そのものではありませんので、十分に注意してください。特に、一般の敷地共有者に、「推進決議（方向性の確定）」と「決議（実施することの確定）」の違いが正確に伝わらないと、無用な混乱を招き、今後の合意形成上の障害となるおそれがあります。敷地共有者にはあくまでも「方向性を確定した段階」であることを明確に伝える必要があります。

　推進決議を行わず、世話人会で一方的に方向性（再建の方向性か、敷地売却の方向性）を確定すると、一部の敷地共有者からの反発（特に感情的な反発）を招き、今後の合意形成を進めるうえでの障害となるおそれがあります。このような障害が発生することを予防するために、法で定められている決議ではありませんが、実務的には推進決議の場を設けることが安全です。

　なお、敷地共有者と世話人会の間に十分な信頼関係があり、迅速に合意形成を進める必要がある場合は、世話人会が方向性を確定するほうが適切な場合もあります。状況に応じて判断を行ってください。

② 計画段階

　ここでは、前記①の検討段階の最後に「敷地売却推進決議（前記①(5)）」を行い、敷地売却を今後の方向性として確認したことを前提として、「敷地売却決議」までの敷地売却計画の進め方について説明します。

(1)　敷地売却決議／全員同意の検討

　世話人会で、「敷地売却」の合意を、被災マンション法5条の「敷地売却決議」で行うのか、民法の全員同意で行うのかを検討します。

　全員同意の場合は、被災マンション法の「敷地売却決議」を行わなくとも、敷地共有者全員からの同意書を取り付けることで、敷地売却ができます。

　敷地売却決議は、敷地共有者の議決権の5分の4以上の多数で決議できます。しかし、単純にこの決議要件を満たすだけでは、敷地売却決議は有効とはならないので注意が必要です。たとえば、敷地売却決議では、「売却の相手方となるべき者（＝買主）の氏名または名称」と「売却代金の見込額」が定められている必要があります。

　また、取壊し決議と同様に、決議を行う敷地共有者集会の招集通知を少なくとも決議の2カ月前までに発しなければならないことや、決議を行う敷地共有者集会とは別に、決議の説明会を少なくとも決議の1カ月前までに開催しなければならないといった、細かい要件をすべて満たす必要があります。

　全員同意に可能性がある場合は、上記のように手続が煩雑な敷地売却決議（招集通知から決議までに少なくとも2カ月はかかります）よりも、全員同意を選択したほうがより迅速に、より簡便に合意形成が進むと考えられます。しかし、1人でも賛成しない者が出ると敷地売却ができなくなるので、被災マンション法の敷地売却決議を行う場合の進め方を参考にしながら、慎重に敷地売却の趣旨や理由を説明する必要があります。

⑵　抵当権・根抵当権の抹消

(A)　敷地共有者による抵当権の抹消

区分所有権に設定されていた抵当権や根抵当権は、建物を取り壊すことによって土地に転写されています（第 1 章②(6)参照）。

一般に、敷地に抵当権や根抵当権が設定された状態では、売買が困難になります。そこで、抵当権や根抵当権はこの段階から敷地共有者自身で抹消するよう促すことが、今後の合意形成や敷地売却を円滑に進めていくうえで重要となります。

残債が多く、個人が抵当権を抹消できない場合は、敷地共有者団体の資金から、分配金予定額を限度として、立て替えてもらい、抵当権を抹消する方法があります。

売却代金で相殺できない残債がある場合でも、相殺できない残債の部分は、その敷地共有者の無担保債権としてもらうことで、抵当権自体は抹消することができます。

(B)　委任による抵当権の抹消

敷地売却までに、敷地共有者自身で抵当権を抹消できない場合は、その敷地共有者が敷地売却時に受け取るお金を債権者に支払うことにより、抵当権を抹消する方法があります。

敷地売却の代金は、経費を除いた後、敷地共有者に敷地共有持分割合で按分されて、分配されます。その分配された代金を敷地共有者ではなく、金融機関が直接受け取る「代理受領」が必要な場合があります。

このような場合には、円滑かつ確実に抵当権を抹消することが重要です。そのためには、敷地売却事業を進めている敷地共有者団体の代表（世話人会代表）などに、抵当権の抹消を委任する方法があります。委任する内容は、「抵当権抹消登記に関する抵当権者との交渉」と「抵当権抹消登記」の 2 つに

なります。[44]

(C) 敷地売却不参加予定者の抵当権の抹消

敷地売却に不参加予定の敷地共有者に抵当権がある場合は、敷地売却決議可決後に売渡請求を行い、敷地売却参加者の側にその者の敷地共有持分を移転させてから、抵当権消滅請求または代価弁済という方法により、抵当権を消滅させます。詳しくは、後記③(2)〜(4)で説明します。

(3) 未賛同者の把握と合意可能性の検討

(A) 未賛同者の把握

敷地売却決議で賛否の意思表示をしない者は、未賛同者として扱われます。未賛同者を把握する段階で所在のわからない敷地共有者（以下、「所在不明者」といいます）もまた、未賛同者といえます。未賛同者を把握するため、まず、すべての敷地共有者の所在を確定することが必要です。取壊し決議の売渡請求や全員同意の建物取壊しが行われている場合は、所在不明者は原則としてこの時点では存在しないことになります。

しかし、取壊し決議や全員同意で建物取壊しを行った場合でも、たとえば、建物取壊し後に敷地共有者が死亡し、「相続登記がなされていない」ために、所在不明者が発生することも考えられます。その場合は、管理組合で戸籍関係を調査し、相続人に相続登記をしてもらい、敷地共有者の所在を確定します。「相続登記がされていない場合」には、「相続人不存在（相続人がいない場合や相続放棄がされている場合）」も含まれます。

一方で、全部滅失の場合や、自治体による特段の配慮によって全員同意を得ずに公費解体を行った場合などは、この時点で所在不明者がいる場合があ

---

44 田中昌樹「被災マンションの敷地売却における実務上の課題及び解決策──敷地売却決議を完了させた事例をもとに」（国土交通省「平成29年度マンション管理適正化・再生推進事業」）50頁。

ります。所在不明者がいる場合は、弁護士に依頼して捜索します。

それ以外の未賛同者（所在不明者ではないが、敷地売却に反対している敷地共有者、および賛成反対の意思表示をしない、もしくはできない敷地共有者）の把握も行います。

(B)　妨害者、ゴネ得ねらい対策

妨害者やゴネ得ねらいの対策は、第1章②(5)を参照してください。

(C)　合意可能性の検討

非賛成者の議決権が全体の5分の1未満の場合は、敷地共有者の議決権の5分の4以上の同意を得られる可能性が高いので、敷地売却決議に向けて取組みを進めていきます。決議可決後に売渡請求を行い、共有持分移転登記手続請求訴訟を起こして、敷地売却参加者の側に非賛成者の権利を移転させることになります（後記③(2)(3)参照）。[45]

なお、非賛成者が1人でもいる場合は、その時点で全員同意は相当な困難が予想されます。被災マンション法の敷地売却決議の可能性を検討してみましょう。

非賛成者の議決権が全体の5分の1以上の場合は、その時点で敷地売却決議（敷地共有者の議決権の5分の4以上の同意を得ること）は困難となることが予想されます。

どうしても合意形成が進まない場合には、政令指定から3年を経過した後に（被災マンション法6条、前記①(3)参照）、共有物分割請求を行うことを検討します。

(D)　合意可能性の判断

合意可能性については、以下を参考に判断してください。

45　正確には、①取壊し決議に賛成して取壊し決議に参加する区分所有者、②取壊し決議には賛成しなかったが、取壊し決議後に取壊しに参加すると回答した区分所有者、③取壊し決議参加者（前述①と②）の全員に「買受指定人」として指定された者、以上①〜③のいずれかに所在不明者の権利を移転させる。

> 未賛同者＝0％　→　敷地売却全員同意の可能性あり
>
> 0％＜未賛同者＜20％（5分の1）　→　敷地売却決議の可能性あり
>
> 20％≦未賛同者　→　敷地売却決議は困難、方針再検討か共有物分割請
> 　　求へ

(4)　売却先の選定および売却代金見込額の決定

(A)　決議集会の招集通知を出す前に売却先（買主）と売却見込額を決める

　敷地売却決議（後記(7)）では、①売却先の氏名または名称と②売却代金の見込額を定めなければなりません。

　また、集会の招集通知（後記(5)）にも①売却先の氏名または名称と②売却代金の見込額を示さなければならないので、集会の招集通知を出す前に売却先を選定し、売却先と売却見込額を定めておくことが必要となります。

(B)　売却先選定の注意点（その1）──引渡時期が設定できない

　敷地売却決議の場合、決議可決の不確実性や、催告、売渡請求、各種訴訟が発生する可能性など、引渡時期（決済日）を確定することが実際上不可能です。

　したがって、売却先には、通常の不動産取引とは異なり、引渡時期（決済日）を設定できないことを了解してもらう必要があります。

　一般に、不動産業界では、引渡時期を設定できない取引は敬遠される傾向にあるので、十分に注意してください。

(C)　売却先選定の注意点（その2）──売却先選定を公平に行う

　一部の敷地共有者が独断で売却先を決めてしまうと、他の敷地共有者（たとえば、知り合いの不動産開発業者等への売却を希望していた場合など）が不平不満を感じてしまい、その後の合意形成を停滞させる要因となってしまう場

合があります。

　したがって、売却先選定は、すべての敷地共有者にとって公平になるように行います。

　そのためには、以下の 2 点が重要です。

　①　敷地共有者も含めて誰もが売却先探しに参加できるようにする。

　②　入札で行う場合（後述）には、敷地共有者の目の前で開札する。

　不動産業者との契約を一般媒介契約[46]にすると、誰もが売却先探しに参加することができます。

⑷　売却先選定の注意点（その 3）――敷地売却決議は選定した売却先を拘束できない

　敷地売却決議は、敷地共有者を拘束するものであって、選定した売却先を拘束するものではありません。したがって、敷地売却決議後に、選定した売却先は敷地の購入をやめることができます。

　敷地売却決議で売却先と売却代金が確定してから敷地共有者全員の敷地共有持分が売却先（買主）に移転するまで、相当な時間がかかることが予想されます。それを納得して、決して手続の途中で離脱することのない売却先（買主）をこの段階で選定することが肝要です。

⑸　売却先（買主）を探す方法

　売却先と売却代金を決めるためには、敷地の最低売却価格を提示し、応募できる期限を決めて、入札方式で売却先を選定する方法があります（例として、MH マンションでは、4500 万円を提示、7870 万円で入札）。

　最低売却価格は、不動産業者から見積りをとります。実際の売却事例価格

46　不動産業者との媒介契約には、以下の 3 つの形式があります。①一般媒介契約：依頼者が複数の宅建業者に依頼できる。②専任媒介契約：依頼者が特定の宅建業者にのみ依頼する（自分で探し出した相手方とは取引ができる）。③専属専任媒介契約：依頼者が、依頼した特定の宅建業者の探し出した相手方以外とは取引ができない（自分で探し出した相手方とは取引ができない）。

等からも検討できます。

　市中の不動産業者や、不動産業界にかかわりのある敷地共有者に同一条件で入札希望者探しを依頼します。不動産業者に依頼する場合は、媒介（仲介）を依頼することになります。不動産業者が媒介した入札希望者が、売却先として選定された場合は、敷地売却決議を経て売買決済時に仲介手数料を支払うことを不動産業者に了解してもらいます。

　媒介を不動産業者に依頼するかどうかは考え方によりますが、依頼したほうが敷地共有者の負担は軽く、業務が円滑になると考えられます。

　　⒡　売却先と見込額の決定

　入札者（入札した者）が複数名の場合は、敷地共有者の集会で開札します。

　入札方式で選定した売却先（買主）を、敷地売却決議で定める「①売却先（優先候補）」とし、その売却先（買主）が提示した価格を「②売却代金の見込額」とします。

【参考】　ＤＡマンションにおける敷地の売却先選定

　大手不動産仲介業者４社から更地価格での見積りをとり、その平均価格から地下部分の解体費用を減じた価格を最低売却価格とし、一般媒介で期日を決めて「不動産購入申込書（買付証明書）」を受け付ける方法で、大手４社を含め約20社に媒介を依頼しました。買付証明書が、実質的に入札書の役割を担います。

　一般媒介としたのは、敷地共有者に不動産仲介業者が数社いたため、依頼者（敷地共有者団体の代表）が複数の宅地建物取引業者（宅建業者）に重複して媒介を依頼できる一般媒介でないと不公平感が出るからです。専任媒介契約や専属専任媒介契約では、依頼者は特定の不動産仲介業者にしか媒介を依頼することはできません。

　多数の大手マンション開発業者から入札の問合せがありましたが、引渡時期が未確定だとわかると、次々と入札を辞退していきました。「決

済日が明確でないと本社の稟議が通らない」ということがその理由です。

　買付証明書は、物件の購入希望者が売主または仲介者にあてて発行する、物件を購入する意思を証明する書面です。購入希望価格、支払方法や支払時期、そのほかの希望条件などを記載します。あくまでも購入希望者の意思表示の書面であり、購入・契約の義務を負うものではありません。買付証明書は、依頼者あてに送付してもらいました。これが実質的な応札（入札への応募）となります。

　買付証明書の受付期限終了後、すぐに世話人会を開催しました。この世話人会には、世話人以外の敷地共有者も参加できることとし、参加した敷地共有者の眼前で「買付証明書」を開封し（実質的な開札）、回覧しました。その場で売却先の優先候補を決め、その後の世話人会で優先候補の条件等を検討のうえ、売却先を決めました。

　このようなプロセスにより売却先を選定した結果、以下4点の理由により、敷地共有者からの不平不満はありませんでした。

① 　公平に売却先を選定したこと

② 　敷地共有者の目の前で開札したこと

③ 　売却先は誰もが知っている地元では有名な（信頼できる）葬儀業者であったこと（DAマンションの隣地に同社の葬儀会館があったこと）

④ 　敷地共有者が納得できる売却金額であったこと

(5)　敷地売却の集会招集通知　【敷地売却決議を選択した場合】

(A)　通知の時期と方法

　未賛同者（前記(3)参照）の議決権が全体の5分の1未満であることを確認し、世話人会において敷地売却決議集会（敷地共有者集会）を開催することを決定します。

　敷地売却決議集会を開催するためには、被災マンション法5条3項（同法

4条4項準用）の規定により、敷地売却決議集会の日程を定め、集会の日から逆算して2カ月前までに、管理者（前記①(2)参照）は集会招集通知を各敷地共有者に発する必要があります。通常の総会通知のように「2週間前まで（マンション標準管理規約の場合）」ではないので注意してください。

(B) 管理者が集会を招集しない場合・管理者がいない場合

集会（決議のための集会）を招集するのは、管理者と定められています（被災マンション法3条が準用する区分所有法34条1項）。

管理者が集会を招集しない場合は、敷地共有者の議決権の5分の1以上（の連名）で、集会の招集を管理者に請求することができます（被災マンション法3条が準用する区分所有法34条3項）。請求がなされてから4週間以内を開催日とする集会の招集通知が、請求から2週間以内に発せられなかった場合は、集会の招集を請求した敷地共有者が直接集会を招集することができます（被災マンション法3条が準用する区分所有法34条4項）。

また、管理者が集会で定められていない場合や、死亡などの理由により管理者がいない場合にも、敷地共有者の議決権の5分の1以上（の連名）で、直接総会を招集することができます（被災マンション法3条が準用する区分所有法34条5項）。

(C) 建物取壊し後の通知のあて先

集会の招集通知は、敷地共有者が管理者に対して集会招集通知を受け取る場所を通知した場合にはその場所に通知します（被災マンション法3条1項が準用する区分所有法35条3項）。

敷地共有者が管理者に対して集会招集通知を受け取る場所を通知していないなど、招集者が敷地共有者の所在を知ることができない場合は、集会の招集通知は、敷地内の見やすい場所に掲示すればよいとされています（被災マンション法3条2項）。その場合、集会の招集通知は、敷地内の見やすい場所に掲示したときに到達したものとみなされます。ただし、招集者が、「合理的に期待される程度の所在調査」を尽くしていないとされる場合には、到達

の効力を生じないので注意してください（同条3項）。

(D)　通知事項

集会招集通知には、以下の4点を記載します。

①　被災マンション法5条に基づく敷地売却の決議をすること

②　売却の相手方となるべき者の氏名または名称

③　売却による代金の見込額

④　敷地の売却を必要とする理由

「④敷地の売却を必要とする理由」は、当該敷地を売却することが必要である積極的な理由を意味するものであり、再建等の他の選択肢との比較をも考慮したうえで、敷地売却が必要であり合理的であると判断した理由を、具体的根拠も示して、招集通知に記載する必要があります。[47]

(E)　通知事項4点の根拠

被災マンション法5条3項（同法4条5項準用）では、取壊し決議の集会（総会）招集通知には、「議案の要領」を通知しなければならないと規定しています。ここで、「議案」とは「敷地売却決議の議案」のことです。敷地売却決議では、被災マンション法5条2項により、前記(D)②と③を定めなければならないと規定しています。したがって、前記(D)①〜③が、「議案の要領」となります。

さらに、被災マンション法5条3項（同法4条5項準用）では、「議案の要領」のほかに、前記(D)④を通知しなければならないと規定しています。なお、第3章④(2)に敷地売却決議集会議案書の例を掲載しているので参考にしてください。

《参考法令》

被災マンション法5条（敷地売却決議等）

1　敷地共有者等集会においては、敷地共有者等の議決権の5分の4以上の多数で、敷地共有持分等に係る土地（これに関する権利を含む。）を売却する旨の決

47　岡山忠広編著『概説被災借地借家法・改正被災マンション法』参照。

議（以下「敷地売却決議」という。）をすることができる。

2　敷地売却決議においては、次の事項を定めなければならない。

一　売却の相手方となるべき者の氏名又は名称

二　売却による代金の見込額

3　敷地売却決議については、前条第4項から第8項まで並びに区分所有法第63条第1項から第3項まで、第4項前段、第6項及び第7項並びに第64条の規定を準用する。（以下、略）

被災マンション法4条（再建決議等）読み替え

4　次条第1項に規定する決議事項〔＝敷地売却決議〕を会議の目的とする敷地共有者等集会を招集するときは、前条第1項において準用する区分所有法第35条第1項本文の通知は、同項の規定にかかわらず、当該敷地共有者等集会の会日より少なくとも2月前に発しなければならない。

5　前項に規定する場合〔＝敷地売却決議の集会を招集する場合〕において、前条第1項において準用する区分所有法第35条第1項本文の通知〔＝集会招集通知〕をするときは、同条第5項に規定する議案の要領のほか、売却を必要とする理由をも通知しなければならない。

被災マンション法3条（敷地共有者等が置く管理者及び敷地共有者等集会に関する区分所有法の準用等）が準用する区分所有法34条（集会の招集）読み替え

1　敷地共有者等集会は、管理者が招集する。

3　議決権の5分の1以上を有する敷地共有者等は、管理者に対し、会議の目的たる事項を示して、敷地共有者等集会の招集を請求することができる。（以下、準用せず）

4　前項の規定による請求がされた場合において、2週間以内にその請求の日から4週間以内の日を会日とする敷地共有者等集会の招集の通知が発せられなかつたときは、その請求をした敷地共有者等は、敷地共有者等集会を招集することができる。

5　管理者がないときは、議決権の5分の1以上を有する敷地共有者等は、敷地共有者等集会を招集することができる。（以下、準用せず）

区分所有法35条（招集の通知）読み替え

1　敷地共有者等集会の招集の通知は、会日より少なくとも1週間前に、会議の目的たる事項を示して、各敷地共有者等に発しなければならない。（以下、準用せず）

2　一の専有部分を所有するための敷地利用権に係る敷地共有持分等を数人で有

するときは、前項の通知は、第40条の規定により定められた議決権を行使すべき者（その者がないときは、共有者の一人）にすれば足りる。

3　第1項の通知は、敷地共有者等が管理者に対して通知を受けるべき場所を通知したときはその場所にあててすれば足りる。この場合には、同項の通知は、通常それが到達すべき時に到達したものとみなす。

4　（準用せず）

5　第1項の通知をする場合において、会議の目的たる事項が特別措置法第4条第1項〔＝再建決議〕、第5条第1項〔＝敷地売却決議〕、第15条第7項又は第17条第2項に規定する決議事項であるときは、その議案の要領をも通知しなければならない。

被災マンション法3条（敷地共有者等が置く管理者及び敷地共有者等集会に関する区分所有法の準用等）

2　敷地共有者等集会を招集する者が敷地共有者等（前項において準用する区分所有法第35条第3項の規定により通知を受けるべき場所を通知したものを除く。）の所在を知ることができないときは、同条第1項の通知〔＝集会招集通知〕は、滅失した区分所有建物に係る建物の敷地（区分所有法第2条第5項に規定する建物の敷地をいう。以下同じ。）内の見やすい場所に掲示してすることができる。

3　前項の場合には、当該通知は、同項の規定による掲示をした時に到達したものとみなす。ただし、敷地共有者等集会を招集する者が当該敷地共有者等の所在を知らないことについて過失があったときは、到達の効力を生じない。

⑹　説明会　【敷地売却決議を選択した場合】

⒜　説明会の内容と招集通知

　敷地売却決議集会を開催するためには、被災マンション法5条3項（同法4条6項準用）の規定により、集会の日から逆算して1カ月前までに、敷地売却決議集会のための説明会を開催しなければなりません。

　説明会では、総会招集通知（前記⑸）で通知した以下の4点について説明します。

①　被災マンション法5条に基づく敷地売却の決議をすること

②　売却の相手方となるべき者の氏名または名称

③　売却による代金の見込額

④　敷地の売却を必要とする理由

　また、この説明会開催の招集通知は、被災マンション法5条3項（同法4条7項が準用する区分所有法35条1項準用）の規定により、集会の1週間前までに各敷地共有者に発する必要があります。ただし、区分所有者全員からの同意があれば、招集手続は不要です（区分所有法36条準用）。たとえば、敷地共有者数が少ないマンションなどで、口頭での説明により、すべての敷地共有者が説明会の開催に同意している場合がこれに該当します。

　上記の説明事項、説明会の招集通知、開催の期日は、法定の要件ですから厳格に判断されますので、瑕疵のないように進めてください。

(B)　建物取壊し後の通知のあて先

　説明会の招集通知は、敷地共有者が管理者に対して集会招集通知を受け取る場所を通知した場合にはその場所に通知します（被災マンション法3条1項が準用する区分所有法35条3項）。

　敷地共有者が管理者に対して集会招集通知を受け取る場所を通知していないなど、招集者が敷地共有者の所在を知ることができない場合は、説明会の招集通知は、敷地内の見やすい場所に掲示すればよいとされています（被災マンション法3条2項）。その場合、説明会の招集通知は、敷地内の見やすい場所に掲示したときに到達したものとみなされます。ただし、招集者が、「合理的に期待される程度の所在調査」を尽くしていないとされる場合には、到達の効力を生じないので注意してください（同条3項）。

《参考法令》
被災マンション法5条（敷地売却決議等）
3　敷地売却決議については、前条第4項から第8項まで並びに区分所有法第63条第1項から第3項まで、第4項前段、第6項及び第7項並びに第64条の規定を準用する。（以下、略）
被災マンション法4条（再建決議等）

6　第 4 項の敷地共有者等集会を招集した者は、当該敷地共有者等集会の会日より少なくとも 1 月前までに、当該招集の際に通知すべき事項について敷地共有者等に対し説明を行うための説明会を開催しなければならない。

7　前項の説明会の開催については、前条第 1 項において準用する区分所有法第 35 条第 1 項本文、第 2 項及び第 3 項並びに第 36 条並びに前条第 2 項及び第 3 項の規定を準用する。

区分所有法35条（招集の通知）読み替え

1　敷地共有者等集会の招集の通知は、会日より少なくとも 1 週間前に、会議の目的たる事項を示して、各敷地共有者等に発しなければならない。（以下、準用せず）

2　一の専有部分を所有するための敷地利用権に係る敷地共有持分等を数人で有するときは、前項の通知は、第40条の規定により定められた議決権を行使すべき者（その者がないときは、共有者の一人）にすれば足りる。

3　第 1 項の通知は、敷地共有者等が管理者に対して通知を受けるべき場所を通知したときはその場所にあててすれば足りる。この場合には、同項の通知は、通常それが到達すべき時に到達したものとみなす。

区分所有法36条（招集手続の省略）読み替え

敷地共有者等集会は、敷地共有者等全員の同意があるときは、招集の手続を経ないで開くことができる。

被災マンション法 3 条（敷地共有者等が置く管理者及び敷地共有者等集会に関する区分所有法の準用等）

2　敷地共有者等集会を招集する者が敷地共有者等（前項において準用する区分所有法第35条第 3 項の規定により通知を受けるべき場所を通知したものを除く。）の所在を知ることができないときは、同条第 1 項の通知〔＝集会招集通知〕は、滅失した区分所有建物に係る建物の敷地（区分所有法第 2 条第 5 項に規定する建物の敷地をいう。以下同じ。）内の見やすい場所に掲示してすることができる。

3　前項の場合には、当該通知は、同項の規定による掲示をした時に到達したものとみなす。ただし、敷地共有者等集会を招集する者が当該敷地共有者等の所在を知らないことについて過失があったときは、到達の効力を生じない。

（7）　敷地売却決議の集会　【敷地売却決議を選択した場合】

政令で定める災害による全部滅失の場合、または、政令で定める災害に

　よって大規模一部滅失になった建物を取壊し決議や全員同意で取り壊した場合は、敷地共有者集会において、敷地共有者等の議決権の5分の4以上の多数で、「敷地売却決議」をすることができます。

　敷地売却決議では、以下の①②を定めます。

①　売却の相手方となるべき者（＝売却先・買主）の氏名または名称

②　売却代金の見込額

　売却代金の見込額は、権利割合（共有持分割合）に従って分配されるので、敷地売却決議で分配額を定めることとはしていません。

　敷地売却決議をした集会の議事録には、敷地共有者全員について、Aさんは賛成、Bさんは非賛成……、というように、1人ずつ賛否を記載・記録する必要があります。単純に賛成者や反対者の議決権数を記載しただけでは決議は無効となりますので注意してください（被災マンション法5条3項が準用する同法4条8項の「各敷地共有者等の賛否」の「各」に注意）。

　上記の集会議案、決議事項、賛否を記載した議事録は、法定の要件ですから厳格に判断されますので、瑕疵のないように進めてください。

⑻　全員からの敷地売却同意書提出　【敷地売却全員同意を選択した場合】

　被災マンション法5条が定める敷地売却決議ではなく、全員同意により敷地を売却する場合は、決議集会を開催する必要は特にありません。

　同意は口頭での同意でもかまいませんが、後の紛争を回避するためには、敷地共有者全員から敷地売却同意書を提出してもらうことが望ましいでしょう。

《参考法令》
被災マンション法5条（敷地売却決議等）
1　敷地共有者等集会においては、敷地共有者等の議決権の5分の4以上の多数

で、敷地共有持分等に係る土地（これに関する権利を含む。）を売却する旨の決議（以下「敷地売却決議」という。）をすることができる。

2　敷地売却決議においては、次の事項を定めなければならない。

　一　売却の相手方となるべき者の氏名又は名称

　二　売却による代金の見込額

3　敷地売却決議については、前条第4項から第8項まで並びに区分所有法第63条第1項から第3項まで、第4項前段、第6項及び第7項並びに第64条の規定を準用する。（以下、略）

被災マンション法4条（再建決議等）

8　再建決議をした敷地共有者等集会の議事録には、その決議についての各敷地共有者等の賛否をも記載し、又は記録しなければならない。

③ 実施段階

ここでは、前記②「計画段階」の最後に「(7) 敷地売却決議」の可決または「(8)全員からの同意書提出」がなされたことを前提として、敷地の引渡しと敷地共有者団体の解散までの事業の進め方について説明します。

(1) 敷地売却決議非賛成者に対する催告 【敷地売却決議を可決した場合】

(A) 催告の方法と期間

敷地売却決議が可決された場合、敷地売却決議の集会を招集した者（前記②(5)）は、遅滞なく、非賛成者（承継人を含む）に対し、敷地売却決議の内容での敷地売却に参加するか否かの回答を書面で催告しなければなりません（被災マンション法５条３項が準用する区分所有法63条１項）。

催告は、通知を明確にするために配達証明[48]付き内容証明[49]で行います。

取壊し決議非賛成者は、催告を受けた日から（催告が到達した日から）２カ月以内に回答しなければなりません（被災マンション法５条３項が準用する区分所有法63条２項）。

(B) 催告の回答と売渡請求の対象

敷地売却決議非賛成者のうち、催告を受けて「参加する」と回答した者は、「敷地売却参加者」となります。「参加しない」と回答した者、および２カ月以内に回答がなかった者は、敷地売却非参加者となり、売渡請求（後記(2)）の対象となります（被災マンション法５条３項が準用する区分所有法63条３項、64条）。

48　前掲（注30）。

49　前掲（注31）。

(C)　「敷地売却参加者」の定義

以下の①〜③の3者が「敷地売却参加者」となります。この3者は、敷地売却決議の内容で敷地売却を行うことを合意したものとみなされます（被災マンション法5条3項が準用する区分所有法64条）。

①　敷地売却決議賛成者

②　催告で敷地売却参加を回答した者（承継人含む）

③　買受指定者（①と②全員の同意で指定された、敷地共有持分権の買受けができる者）

(D)　相続人不存在の場合は特別代理人を選任して催告する

「相続人不存在」とは、相続人がいない場合や相続放棄がされている場合のことを指します。

相続人不存在の場合は、相続財産は民法951条により「法人」となります。正式には「亡甲野太郎相続財産」という法人となります。したがって、この法人が、敷地共有者となります。

地方裁判所に対して、法人の特別代理人選任を申し立てます。催告は、選任された特別代理人に対して行います。

催告を受けた特別代理人は、一般には、「敷地売却に参加する」旨の意思表示をすると考えられますが、「参加しない」旨の意思表示の場合、または意思表示がない場合は、特別代理人に対して売渡請求を行うことになります（後記(2)）。

特別代理人への催告も、通知を明確にするために配達証明付き内容証明で行います。

なお、特別代理人および相続財産管理人については、第1章③(1)で詳しく解説しています。

(E)　所在不明者への催告は「公示による意思表示」を用いる

所在不明者への催告は、公示による意思表示を用います。なお、「公示による意思表示」および「不在者の財産管理制度」についても、第1章③(1)で

詳しく解説しています。

⑵　売渡請求　【敷地売却決議を可決した場合】

(A)　売渡請求

　催告（前記⑴参照）を受けてから2カ月以内に回答しなかった者（その承継人を含む）、および「参加しない」と回答した者（その承継人を含む）に対し、「敷地売却参加者」（後記(B)参照）は、2カ月の催告回答期間が満了した日から2カ月以内に、敷地共有持分を時価（後記(C)参照）で売り渡すべきことを請求すること（＝売渡請求権の行使）ができます（被災マンション法5条3項が準用する区分所有法63条4項）。

　敷地売却参加者が支払う時価代金は、敷地共有者団体による立替え、または貸付けができます。立替金や貸付金は、敷地売却の売得金で清算します。

　売渡請求ができるのは、あくまでも「敷地売却参加者」です。敷地の買主（売却先）は売渡請求をすることができません。間違えやすいので十分に注意してください。

(B)　「敷地売却参加者」の定義

　以下の①〜③の3者が「敷地売却参加者」となります。この3者は、敷地売却決議の内容で売却を行うことを合意したものとみなされます（被災マンション法5条3項が準用する区分所有法64条）。

①　敷地売却決議賛成者

②　催告で敷地売却参加を回答した者（承継人含む）

③　買受指定者（①と②全員の同意で指定された、敷地共有持分権の買受けができる者）

(C)　時　価

　この時点での、敷地共有持分権の時価は、基本的には「売却見込額×持分割合」となります。しかし、ＤＡマンションでは、売却に至るまでの諸経費を、参加しない者にも負担してもらうために、「売却見込額×持分割合」からその

諸経費を差し引いた額を時価としました。

【参考】　ＤＡマンションの時価

　ＤＡマンションでは、敷地売却非参加者に対する売渡請求の代金額について、弁護士も交えて検討を行いました。検討の結果、①敷地売却決議に従って敷地売却に参加してくれた場合には必要がない弁護士費用・売渡請求者への登記費用等の取引費用が、敷地売却参加者に生じること、②参加者が今後締結する売買契約によって代金額を受け取る前に、売渡請求の相手方（＝非参加者）は持分の代金を受け取れることから、敷地売却決議の「売却による代金の見込額」をそのまま売渡請求の代金の基準とすることは「公平性を欠く」として、売渡請求の代金額が決定されました。

　しかし実際には、登記移転請求訴訟において時価額が争点となり、参加者側は訴訟が長引くことで、敷地売却事業が長期化することを避けるため、やむを得ず、敷地売却決議の「売却による代金の見込額」をそのまま売渡請求の代金の基準とすることにしました。[50]

　(D)　売渡請求の代金はどこから支払うのか

売渡請求の代金の支払いは、3通り考えられます。

①　買受指定者（ディベロッパー等）が支払う。

②　敷地売却に参加する敷地共有者の誰か1人が個人的に支払う。

③　敷地共有者団体の資金から支払う。

【参考】　ＤＡマンションでの売渡請求の事例

　ＤＡマンションでは、売渡しの請求者は敷地共有者Ａさん個人としま

---

50 松澤陽明「被災したマンション敷地の売渡請求の時価」マンション学51号199～202頁。

したが、売渡請求の代金は敷地共有者団体の資金から立て替えて、事業完了時に清算しています。

　敷地共有者団体の資金から立て替える場合は、敷地共有者団体の活動費（第1章③(8)参照）に余裕がないと困難になるので注意が必要です。

　ＤＡマンションでは、売渡請求の代金として総額約1000万円（7名に売渡請求）を敷地共有者団体が立て替えています。

(3)　共有持分移転登記手続請求訴訟　【敷地売却決議を可決した場合】

(A)　売渡請求は形成権、しかし登記は必要

売渡請求は「形成権」と呼ばれ、権利者の一方的な意思表示によって一定の法律関係を発生させることのできる権利です。したがって、被請求者の権利（敷地共有持分権）は、被請求者の了解を得ずとも（＝たとえ納得できなかったとしても）、法律の概念としては、売渡請求が到達した時点で請求者に時価で売り渡されたことになります。

　法律の概念としては、売渡請求が到達した時点で被請求者の権利が請求者に移りますが、実際には共有持分移転登記が自動的になされるわけではありません。この点を十分に確認してください。

　すなわち、被請求者には、売渡請求によって権利が移った後に、共有持分移転登記に協力してもらう必要があります（共有持分移転登記には、請求者と被請求者の双方の協力が必要です）。

(B)　共有持分移転禁止の仮処分と共有持分移転登記手続請求訴訟

売渡請求の被請求者が共有持分移転登記に協力してくれない場合は、請求者が「共有持分移転禁止の仮処分」および「共有持分移転登記手続請求訴訟」を起こし判決を得ることで、請求者が単独で、共有持分移転登記を行うことができます。

「共有持分移転禁止の仮処分」は、被請求者が共有持分移転登記に協力せずに、敷地共有者以外の者（承継人を含む）に共有持分が移転すること（詐害行為）を防ぐために行います。

(C)　所在不明者を相手方とする共有持分移転登記手続請求訴訟

所在不明者の共有持分が、敷地売却参加者に移転登記されていないと、買主に移転登記ができません。

売渡請求者は「公示送達」（第1章③(2)参照）の制度を用いることで、所在不明者を相手方とする共有持分移転登記手続請求訴訟を起こすことができます。

共有持分移転登記手続と売買代金の交付とを引換給付とする判決になった場合は、売買代金の交付は「債務者（相手方）が弁済を受領することができないとき」に該当するとして、供託[51]すればよいということになります（民法494条）。

《参考法令》
〈売渡請求〉
被災マンション法5条（敷地売却決議等）
3　敷地売却決議については、前条第4項から第8項まで並びに区分所有法第63条第1項から第3項まで、第4項前段、第6項及び第7項並びに第64条の規定を準用する。（以下、略）
区分所有法63条（区分所有権等の売渡し請求等）読み替え
4　第2項の期間が経過したときは、敷地売却決議に賛成した各敷地共有者等若しくは敷地売却決議の内容により売却に参加する旨を回答した各敷地共有者等（これらの者の承継人を含む。）又はこれらの者の全員の合意により敷地共有持分等を買い受けることができる者として指定された者(以下「買受指定者」という。)は、同項の期間の満了の日から2月以内に、売却に参加しない旨を回答した敷地共有者等（その承継人を含む。）に対し、敷地共有持分等を時価で売り渡すべきことを請求することができる。（以下、準用せず）

51　前掲（注37）。

〈所在不明者を相手方とする共有持分移転登記手続請求訴訟〉

民事訴訟法110条（公示送達の要件）

1　次に掲げる場合には、裁判所書記官は、申立てにより、公示送達をすることができる。

　一　当事者の住所、居所その他送達をすべき場所が知れない場合

　二　第107条第1項の規定により送達をすることができない場合

　三　外国においてすべき送達について、第108条の規定によることができず、又はこれによっても送達をすることができないと認めるべき場合

　四　第108条の規定により外国の管轄官庁に嘱託を発した後6月を経過してもその送達を証する書面の送付がない場合

2　前項の場合において、裁判所は、訴訟の遅滞を避けるため必要があると認めるときは、申立てがないときであっても、裁判所書記官に公示送達をすべきことを命ずることができる。

3　同一の当事者に対する2回目以降の公示送達は、職権でする。ただし、第1項第4号に掲げる場合は、この限りでない。

民事訴訟法111条（公示送達の方法）

　公示送達は、裁判所書記官が送達すべき書類を保管し、いつでも送達を受けるべき者に交付すべき旨を裁判所の掲示場に掲示してする。

民法494条（供託）

1　弁済者は、次に掲げる場合には、債権者のために弁済の目的物を供託することができる。この場合においては、弁済者が供託をした時に、その債権は、消滅する。

　一　弁済の提供をした場合において、債権者がその受領を拒んだとき。

　二　債権者が弁済を受領することができないとき。

2　弁済者が債権者を確知することができないときも、前項と同様とする。ただし、弁済者に過失があるときは、この限りでない。

(4)　抵当権抹消の交渉・抵当権消滅請求　【敷地売却決議を可決した場合】

　売渡請求に基づき取得した敷地共有持分（前記(2)参照）に抵当権が設定されている場合があります。

(A)　債権者と抵当権抹消の交渉

　一般には、抵当権付きの敷地共有持分を取得した者（売渡請求をした者）が、債権者との交渉により、残債を敷地売却後の分配金から支払うなどの約束をして、抵当権を消滅してもらいます。

　たとえば、残債が150万円で分配金が100万円となる場合は、分配金から100万円を支払うので抵当権を消滅してもらうよう交渉します。債権者は、100万円しか回収できないことになり、債務者（売渡請求された者）に対する50万円の無担保債権が残ることになります。

(B)　抵当権消滅請求（民法379条〜386条）

　債権者が交渉に応じない場合は、抵当権消滅請求という方法により、抵当権を消滅させます。

　抵当権付きの敷地共有持分を取得した者（売渡請求をした者）は、売渡請求の金額（時価）、または自由に定めた金額を指定して必要書類を債権者に送付します。債権者が2カ月以内に抵当権実行による競売の申立てをしないときは、抵当権が設定された敷地共有持分を取得した者は、指定した金額を弁済または供託して抵当権を消滅させることができます。

　しかし、競売の申立てをしたところで敷地共有持分のような利用価値の低い権利を競落する者が出てくる可能性は少なく、債権者にとって競売に持ち込むメリットは少ないと考えられます。

　なお、抵当権消滅請求は、第三取得者（売渡請求により抵当権付きの敷地共有持分を取得した者）しか請求できません。敷地共有持分に抵当権を設定した本人は、自ら全債務を負担する者であるため、抵当権消滅請求はできないので、注意してください。

(C)　代価弁済（民法378条）

　抵当権消滅請求以外にも、代価弁済という制度があります。

　代価弁済は抵当権者の請求に応じて第三取得者（売渡請求により抵当権付きの敷地共有持分を取得した者）がその代価（敷地共有持分の購入額）を弁済する

124

ことにより抵当権が消滅するという制度であり、抵当権者が請求しなければ
使えない制度です。

《参考法令》
民法378条（代価弁済）
　　抵当不動産について所有権又は地上権を買い受けた第三者が、抵当権者の請
　求に応じてその抵当権者にその代価を弁済したときは、抵当権は、その第三者
　のために消滅する。
民法379条（抵当権消滅請求）
　　抵当不動産の第三取得者は、第383条の定めるところにより、抵当権消滅請求
　をすることができる。
民法380条
　　主たる債務者、保証人及びこれらの者の承継人は、抵当権消滅請求をするこ
　とができない。
民法381条
　　抵当不動産の停止条件付第三取得者は、その停止条件の成否が未定である間
　は、抵当権消滅請求をすることができない。
民法382条（抵当権消滅請求の時期）
　　抵当不動産の第三取得者は、抵当権の実行としての競売による差押えの効力
　が発生する前に、抵当権消滅請求をしなければならない。
民法383条（抵当権消滅請求の手続）
　　抵当不動産の第三取得者は、抵当権消滅請求をするときは、登記をした各債
　権者に対し、次に掲げる書面を送付しなければならない。
　一　取得の原因及び年月日、譲渡人及び取得者の氏名及び住所並びに抵当不動
　　産の性質、所在及び代価その他取得者の負担を記載した書面
　二　抵当不動産に関する登記事項証明書（現に効力を有する登記事項のすべてを
　　証明したものに限る。）
　三　債権者が2箇月以内に抵当権を実行して競売の申立てをしないときは、抵
　　当不動産の第三取得者が第1号に規定する代価又は特に指定した金額を債権
　　の順位に従って弁済し又は供託すべき旨を記載した書面
民法384条（債権者のみなし承諾）
　　次に掲げる場合には、前条各号に掲げる書面の送付を受けた債権者は、抵当

不動産の第三取得者が同条第三号に掲げる書面に記載したところにより提供した同号の代価又は金額を承諾したものとみなす。

一　その債権者が前条各号に掲げる書面の送付を受けた後2箇月以内に抵当権を実行して競売の申立てをしないとき。

二　その債権者が前号の申立てを取り下げたとき。

三　第1号の申立てを却下する旨の決定が確定したとき。

四　第1号の申立てに基づく競売の手続を取り消す旨の決定（民事執行法第188条において準用する同法第63条第3項若しくは第68条の3第3項の規定又は同法第183条第1項第5号の謄本が提出された場合における同条第2項の規定による決定を除く。）が確定したとき。

民法385条（競売の申立ての通知）

　第383条各号に掲げる書面の送付を受けた債権者は、前条第1号の申立てをするときは、同号の期間内に、債務者及び抵当不動産の譲渡人にその旨を通知しなければならない。

民法386条（抵当権消滅請求の効果）

　登記をしたすべての債権者が抵当不動産の第三取得者の提供した代価又は金額を承諾し、かつ、抵当不動産の第三取得者がその承諾を得た代価又は金額を払い渡し又は供託したときは、抵当権は、消滅する。

⑸　買戻しのための売渡請求　【敷地売却を中止した場合】

　ここでは、売渡請求に応じた者が、「買戻しのための売渡請求」ができる場合について確認しておいてください（被災マンション法5条3項による区分所有法63条6項・7項の準用）。

　敷地売却決議から2年以内に敷地売却がなされていない場合は、売渡請求に応じた者は、支払われた代金と同じ金額を2年経過の日から6カ月以内に売渡しの相手方に支払って、敷地共有持分の売渡しを請求する（買戻しのための売渡請求をする）ことができます。ただし、権利の移転に着手しなかった正当な理由がある場合は、「買い戻しのための売渡請求」はできません。

　また、敷地売却決議から2年が経過し、正当な理由があって権利の移転がなかった場合でも、権利の移転を妨げる理由がなくなった日から6カ月以内

に権利の移転がない場合は、以下の①か②のいずれか早い時期までに買戻しの請求をすることができます。

①　理由がなくなったことを知った日から6カ月

②　理由がなくなった日から2年

《参考法令》

被災マンション法5条（敷地売却決議等）

3　敷地売却決議については、前条第4項から第8項まで並びに区分所有法第63条第1項から第3項まで、第4項前段、第6項及び第7項並びに第64条の規定を準用する。（以下、略）

区分所有法63条（区分所有権等の売渡し請求等）読み替え

6　敷地売却決議の日から2年以内に権利の移転がない場合には、第4項の規定により敷地共有持分等を売り渡した者は、この期間の満了の日から6月以内に、買主が支払った代金に相当する金銭をその敷地共有持分等を現在有する者に提供して、これらの権利を売り渡すべきことを請求することができる。ただし、権利の移転がなかったことにつき正当な理由があるときは、この限りでない。

7　前項本文の規定は、同項ただし書に規定する場合において、権利の移転を妨げる理由がなくなった日から6月以内に権利の移転がないときに準用する。この場合において、同項本文中「この期間の満了の日から6月以内に」とあるのは、「権利の移転を妨げる理由がなくなったことを知った日から6月又はその理由がなくなった日から2年のいずれか早い時期までに」と読み替えるものとする。

(6)　共有持分を集約するか否かの検討　【敷地売却を実施する場合】

売渡請求により、敷地共有者全員が敷地売却参加者になると、いよいよ買主に敷地を売却することになります。

敷地を売却する場合、いくつかの方法があります（次表参照）。ここでは、どの方法を選択するかを検討します。

方法	A：売却窓口の一本化	B：共有持分の集約	C：敷地共有者と売却窓口との契約方法	D：売却窓口
①	しない			
②	する	しない	委任契約	個人
③	する	しない	委任契約	法人
④	する	する	信託契約	個人
⑤	する	する	信託契約	法人
⑥	する	する	売買契約	個人・法人

(A)　売却窓口の一本化（上表A列）

　まず、買主に敷地を売却するために、売却窓口を一本化するか否かについて、敷地共有者団体の世話人会が買主と交渉します。

　売却窓口を一本化しない場合（方法①）は、敷地共有者1人ひとりが個別に買主と売買契約および共有持分移転登記手続を行うことになります。

　売却窓口を一本化する場合（方法②～⑥）は、売却窓口となる個人（たとえば、敷地共有者団体の代表や旧管理組合の元理事長など）や法人（たとえば、後述する一般社団法人など）が、土地売却の手続全般（買主との売買契約を含む）、および、代金を買主からいったん一括して受け取るための代金受取りを担います。

　理屈からいえば、敷地共有者の立場からは、窓口を一本化しないほうが望ましいと考えられます。理由として、一本化する手間が省けるということと、何よりも、自分の売買契約と共有持分移転登記手続が終われば、他の敷地共有者の進捗とは関係なく、自分は敷地売却を終了させることができるからです。

(B)　売却窓口を一本化する理由

　では、なぜ売却窓口を一本化するという選択肢が生じるのでしょうか。これは、買主側の要望によるものです。

　実際の敷地売却では、買主は、敷地共有者1人ひとりから個別に敷地共有持分を購入すること（方法①）を嫌がります。たとえば、100人の権利者がい

た場合に、100人全員と個別に売買契約を行うことは非常に煩雑になるからです。

また、100人中99名の契約が終わった段階で、残り1人だけ、いつまでも契約をしない者がいたり、急遽亡くなられた方がいて相続が行われなかったりする場合には、買主は非常に不安定な状態で、残り1人を待たねばならないというリスクを抱えてしまうことになります。

さらには、土壇場で翻意する者の発生も懸念され、敷地共有者全員との売買契約は極めて不安定な状態にあるといえます。

例外的に、たとえば敷地共有者の数が少数の場合など、買主の側が個別の売買契約を承諾している場合は、売却窓口を一本化せずに進めることは可能と考えられます。

(C) 共有持分の集約（上表B列）

「売却窓口の一本化」を選択した場合は、さらに、「共有持分を集約するか否か」について、敷地共有者団体の世話人が買主と交渉します。

集約しない場合（方法②③）は、敷地共有者1人ひとりが個別に買主と共有持分移転登記手続を行うことになります。

集約する場合（方法④⑤）は、共有持分を売却窓口（個人または法人）に集約して、売却窓口が買主と共有持分移転登記手続を行います。

こちらも、理屈からいえば、敷地共有者の立場からは、共有持分を集約しないほうが、窓口の一本化と同様に、手間が省けるという意味では、望ましいと考えられます。

(D) 共有持分を集約する理由

共有持分を集約する理由は、買主側の要望によるものです。買主からすると、敷地共有者1人ひとりと個別に共有持分移転登記手続をすることは、非常に煩雑になるからです。

また、100人中99名の登記移転が終わった段階で、残り1人だけ、いつまでも共有持分移転登記手続をしない者がいたり、急遽亡くなられた方がいて

129

相続が行われなかったりする場合には、買主は非常に不安定な状態で、残り1人を待たねばならないというリスクを抱えてしまうことになります。

さらには、土壇場で翻意する者の発生も懸念され、敷地共有者全員との移転登記手続は極めて不安定な状態にあるといえます。

以上のリスクを回避するために、買主は、共有持分を1つにまとめた状態での取引（方法④⑤）を希望することが一般的です。また、敷地共有者（売主）にとっても、共有持分を1つにまとめて取引するほうが、買主との間でトラブルが発生することを未然に防ぐことになり、望ましいと考えられます（下記【参考】「DAマンションの場合」参照）。

例外的に、たとえば敷地共有者の数が少数の場合など、買主の側が個別の共有持分移転登記手続を承諾している場合は、共有持分を集約せずに進めることは可能と考えられます。その場合でも、上記のようなリスクが発生する可能性について、あらためて買主と売主の双方で互いに確認しておくことが重要です。

(E)　委任契約（上表C列）

売却窓口は一本化するが、共有持分を集約しない場合（方法②③）は、敷地共有者と、売却窓口となる個人または法人との間で、委任契約（民法643条）を結びます[52]。

具体的には、敷地共有者は、土地売却の手続全般（買主との売買契約を含む）、および、代金を買主からいったん一括して受け取るための代金受取りについて、売却窓口となる個人または法人に委任状を提出します。そのうえで、敷地共有者全員の記名と、委任を受けた1名（代理人）の署名押印により、敷地共有者全員と買主との間で、敷地の売買契約が行われます（下記【参考】「委任契約で売却窓口を一本化したマンション」参照）。

52　田中・前掲（注44）45頁〜63頁。

(F) 信託契約（上表C列）

　売却窓口を一本化し、共有持分を売却窓口に集約する場合（方法④⑤）は、敷地共有者と、売却窓口となる個人または法人との間で、信託契約を結び、それに基づく信託登記を行います。信託登記を行うことにより、窓口となる個人または法人に敷地共有持分が集約されます。信託登記後に敷地共有者が亡くなられた場合でも、確実に敷地共有者全員の敷地共有持分が買主に移転し、それに伴う移転登記手続も確実に実施することができます（信託契約書に定めることが必要です）。

　共有持分を誰に集約するのか、その集約先については、個人（方法④）と法人（方法⑤）の２通りが考えられます。個人の場合は、敷地共有者のうちの１人に集約します。法人の場合は、敷地共有者数名以上で（敷地売却のために）設立した一般社団法人に集約します。

　法人への集約は、東日本大震災や熊本地震で被災し、敷地売却決議に基づいて敷地を売却したいくつかのマンションで実際に採用された方法です。

　集約先が個人か法人かを問わず、敷地共有者に共有持分の集約を強制することはできません。あくまでも協力をお願いすることになります。

　個人への集約の場合は、集約先となる者は、共有持分集約について敷地共有者全員から信頼され、協力していただける方であることが前提となります。また、集約先となる方が１人で精神的・作業的負担を背負うこととなる可能性があります。以上より、敷地共有者が多い場合は、１人に集約することは、ハードルが高い方法といえます。

　法人への集約の場合は、敷地共有者の複数名が「社員（一般社団法人の構成員）」となりますので、少なくとも社員のどなたかが敷地共有者から信頼されていれば、一般社団法人への共有持分集約に協力していただける可能性が高まります。また、精神的・作業的負担も社員で分担されます。以上より、個人への集約と比べてハードルが低い方法といえます。

(G)　売買契約（上表C列）

委任契約でもなく、信託契約でもなく、売買契約によって、売却窓口に共有持分を集約する方法も、理屈としては考えられます（方法⑥）。しかし、以下のような問題点があります。

①　「敷地共有者から売却窓口となる個人または法人への売却」と、「売却窓口から買主への売却」の2度の売却が生じるため事業としてとても煩雑です。

②　売却窓口となる個人または法人は、共有持分をすべて買い取らねばならず、金銭的な負担が非常に大きくなります。

③　売買による共有持分の集約は、繰り返し不動産取引を行う「反復継続」の取引に該当し、宅地建物取引業（宅地建物取引業法2条2号）の免許が必要になります。無免許での反復継続取引は、これを禁止する宅地建物取引業法12条に抵触する可能性があります。ちなみに、信託方式（方法④⑤）は、売買せずに共有持分を集約することができます。

これらのことから、売買契約による集約は現実的ではありません。実際に、東日本大震災でも熊本地震でも、敷地売却のための売買契約による敷地持分の集約事例はありませんでした。

【参考】　DAマンションの場合

当初は各敷地共有者と買主で契約する方法を模索していましたが、次々と相続が発生し敷地共有者が増えていきました（所有者である父親が死亡し、子ども2名が相続した等）。このままでは、敷地の売却決済時点での所有者を特定するのが困難だと判断し、信託の方法を選びました。

【参考】　委任契約で売却窓口を一本化したマンション

熊本地震で被災したCKマンションでは、建物取壊し後に、難しい問

題を抱えた敷地共有者が少なく、買主の敷地購入意思が固いことがうかがわれたため、以下の方法で売却窓口を一本化し、敷地の売却を行いました。

　まず、敷地共有者の1人（被災マンション法2条が定める管理者）に、残り54名の敷地共有者全員が委任状を提出し、それぞれ委任契約を結んでいます。そのうえで、55名全員の記名と、委任を受けた1名（代理人）の署名押印で55名の敷地共有者全員と買主1社との間でマンション取壊し後の敷地の売買契約が行われました。

　同じく熊本地震で被災したＳＳマンションもまた、建物取壊し後に、敷地共有者の1人（被災時の管理組合理事長）に、残り88名の敷地共有者全員が委任状を提出し、委任契約を行うことで、委任を受けた1名（代理人）による買主との売買契約が行われています。[53]

(H)　一般社団法人の設立と信託契約に関する注意事項

　一般社団法人の設立については後記(7)で、信託契約については後記(8)で詳しく説明しますので、よく読んで理解を深めておきましょう。

　一般社団法人への信託登記の方法は、現状において被災マンション法に事業法、手続法が存在しないことによるものであり、あくまでも任意の契約です。

【参考】　一般社団法人による行方不明者の共有持分取得とその売却は宅地建物取引業法に抵触するか

　熊本地震で被災したＤＫマンションでは、一般社団法人を設立し、行方不明者の共有持分を取得しようと考えていました。しかし、敷地を売却した場合、取得した共有持分を処分することになるため、宅地建物取引業法に抵触するのではないかとの懸念がありました。国土交通省に照

53　折田・前掲（注9）103頁～112頁。

会したところ、「宅地建物取引業法の解釈と運用の考え方」に照らして判断されるものであり、一般論でいえば、宅地建物取引業者に該当しない、という回答を得ています[54]。

《参考法令》

民法643条（委任）

　委任は、当事者の一方が法律行為をすることを相手方に委託し、相手方がこれを承諾することによって、その効力を生ずる。

(7)　一般社団法人の設立　【法人に集約する場合】

　ここでは、前記(6)において、「信託方式による法人への共有持分の集約（方法⑤）」を選択した場合に、一般社団法人を設立する方法について説明します。

(A)　一般社団法人設立の目的

　一般社団法人が、敷地売却をするために、敷地共有者との信託契約に基づいて共有持分などの信託を受けるために設立します。

(B)　一般社団法人を設立するメリット

　共有持分の集約先を法人とすることを選択した場合、株式会社、合同会社、特定非営利活動法人等の設立も考えられますが、何らの認可も必要とされず、定款の認証と登記をするだけで設立される一般社団法人は、他の方法と比べて容易な方法といえます。実際に、東日本大震災では2つのマンションが、熊本地震でも2つのマンションが一般社団法人を設立しています。

　また、一般社団法人の場合は、設立から解散・完了までの費用が比較的安価という利点があります。

　一般社団法人の名称を、以前の管理組合と似た名前にしておくと、敷地共有者からの信頼が得やすくなります（たとえば、一般社団法人○○マンション

54　久保＝田中・前掲（注26）99頁～101頁。

敷地共有者会)。

⒞　一般社団法人設立の要件

一般社団法人の設立には2人以上の社員（発起人）が必要です。

理事会を設置するか否かを選択でき、理事会設置の場合は理事3名（うち1名は代表理事）、監事1名以上が必要です。理事会を設置しない場合は理事1名以上が必要です。

⒟　定款の作成

一般社団法人設立登記の前に公証人から定款の認証を受ける手続が必要となります。定款については、第3章④⑸の例を参考にしてください。

また、司法書士等に信託契約書の作成を依頼します。

⒠　一般社団法人設立の手続

社員（設立者）には、管理組合時の理事（の一部）が就任することが現実的で妥当です。

敷地共有者全員を社員にするとデメリットが多いと考えられます。全員を定款に拘束させることができるメリットもありますが、社員総会の手続が必要など機動的な意思決定や、機動的な受託業務の遂行は困難と考えられます。

社員の入退社手続（社員の成年後見開始や死亡もありうる）も煩雑で、敷地共有者全員を構成員として維持しておける保証もありません。

また、敷地共有者だけではなく、信頼できる弁護士等にも社員になってもらうことで、安心感が得られます。

【参考】　ＨＳマンションおよびＤＡマンションにおける一般社団法人の社員構成

　ＨＳマンションでは、一般社団法人の社員は、管理組合元理事長、元区分所有者で税理士、不動産業者（元法人区分所有者）、不動産コンサルタント（元法人区分所有者）の4名で、それぞれ他の元区分所有者から信頼を得ていた人たちでした。

　　DAマンションでは、一般社団法人の社員は、元区分所有者、元法人区分所有者、元区分所有者の配偶者、敷地売却を支援していたマンション管理士（元区分所有者ではない）の4名です。

(F)　一般社団法人にかかる税金

　一般社団法人設立により、法人設立届出書を国、県、市に提出する必要があります。これにより、法人は「法人事業税」と「法人県民税・市民税の均等割」の課税対象となります。それらとは別に、敷地を売買するため、不動産取得税、不動産譲渡所得税の課税対象となることが考えられます。

　法人県民税・市民税については、申請により減免される場合があります（宮城県では免除になりました）。

　東日本大震災で被災したHSマンション、DAマンションでは、一般社団法人が営利目的ではなく、信託目的であったため、不動産取得税については県、不動産譲渡所得税については国と話し合った結果、課税対象とはなりませんでした。

(8)　共有持分の集約　【信託契約の場合】

　ここでは、前記(6)において、「信託方式による法人への共有持分の集約（方法⑤）」を選択した場合に、共有持分を集約する方法について説明します。

(A)　信託登記による集約とは

　委託者（敷地共有者）が自己の共有持分を、一般社団法人（受託者）に移転したうえで、共有持分の集約と、管理・売却処分を受託者に委託します。

　受託者（一般社団法人）は共有持分を自由勝手に処分することはできません（信託法30条）。

　信託の目的や管理・処分の内容を登記します（不動産登記法97条1項）。この登記事項は「信託目録」に記録されます（不動産登記法97条3項、同規則176条）。

　信託制度の基本は、委託者（持っている財産を委託する人）が信頼できる受

託者（委託を受けて財産を管理する人）に財産を託し、委託者自身や委託者が指定した別の受益者（財産から得られる利益を受け取る人）のために適切に管理してもらう、というものです。「信託方式による法人への共有持分の集約（方法⑤）」の場合は、委託者と受益者が同一になります。

(B) 信託契約書の作成

司法書士等に信託契約書の作成を依頼します。信託契約書の例（第3章
④(6)）を参考にしてください。

(C) 信託契約・登記は任意で行うため強制できない

信託契約・登記は敷地共有者が任意で行う（協力する）ものであり、強制することはできません。したがって、なぜ信託契約・登記を行わなければならないのか、なぜ協力しなければならないのかを理解してもらえず、なかなか手続に応じない人も出てきます。これらのことも念頭におきながら、根気よく、誠実に説明していく必要があります。

それでも、手続に応じてもらえない場合は、その者の共有持分を他の敷地共有者が買い取ることも検討します。

(D) 抵当権付きの共有持分は一般社団法人が買い取る

抵当権付きの共有持分は信託契約・登記ではなく、一般社団法人が買い取って抵当権抹消の交渉（前記(4)）をします。

《参考法令》
信託法30条（忠実義務）
　　受託者は、受益者のため忠実に信託事務の処理その他の行為をしなければならない。

(9) 敷地売却の決済と引渡し

一般的に、不動産の売買取引は、重要事項の説明（宅地建物取引業者（宅建業者）が媒介する場合または宅建業者が売主の場合）、売買契約の締結を経て、

一定期間後（場合によっては契約締結時と同時）の決済・引渡しとなります。

　ここで、被災マンション法による敷地売却決議は、敷地共有者を拘束する（敷地売却決議に従わせる）ものであって、敷地の買主を拘束する（敷地売却決議に従わせる）ものではないという点に注意してください。敷地売却決議をした段階では、敷地共有者団体と敷地の買主との売買契約はなく、個々の敷地共有者と敷地の買主との売買契約もありません。

　信託契約により集約する場合、全員の信託登記ののち、受託者である一般社団法人と売却の相手方と売買契約を締結し、それから決済・引渡しを行うことになります。このために、売却の相手方と敷地共有者団体の取引における信頼関係が大事になります。

　もちろん、敷地売却決議の成立直後に売買契約は可能とも考えられますが、誰が「売主」なのか特定が困難な場合があります（敷地共有者全員が「売主」になりますが、その1人ひとりを確定しようとしても、相続の発生があったりして、確定することが難しいことがあります）。また、敷地売却決議の成立直後では、その後の売渡請求や抵当権消滅請求訴訟を行う可能性もあることから、決済・引渡日の特定が難しく、契約の締結も困難です。

　また、売買契約には、民法562条の契約不適合責任（平成29年改正前の民法570条の瑕疵担保責任）の問題があります。この契約不適合責任は任意規定ですから、当事者間で免責とすることも可能ですが、当事者のうちに宅建業者がいる場合には、宅地建物取引業法（宅建業法）40条の規定により、宅建業者が自ら売主となり、宅建業者でない買主との売買契約をする場合は、不動産に関する知識や経験の浅い一般消費者を保護する目的から、売買契約に契約不適合責任免責の特約を付けることはできません。ただし、契約不適合責任を負う期間を、目的物の引渡しの日から2年間以上と定める特約（＝2年間以上の定められた期間を超えたら契約不適合責任免責となる特約）を付けることはできます。

【参考】　ＤＡマンションにおける売買契約時の瑕疵担保免責（民法改正後の契約不適合責任免責）の特約

　東日本大震災で被災したＤＡマンションでは、地下を掘ったら何か出てくるかもしれないし、その場合に、管理組合が消滅した後からでは対応できないので、売買契約に「瑕疵担保免責」の特約を付けることにしました。

　ＤＡマンションの敷地共有者の中には宅建業者がおり、逆に買主（売却先）は葬儀業者であり宅建業者ではないと考えられたため、当初、少なくとも特約で定めた２年間以上の期間は、瑕疵担保免責にはならないと考えられていました。

　しかし実際には、買主の葬儀会社は宅建業者としての免許登録を行っていたため、瑕疵担保免責の特約を付けた売買契約を結ぶことができました。

《参考法令》

宅地建物取引業法40条（担保責任についての特約の制限）

1　宅地建物取引業者は、自ら売主となる宅地又は建物の売買契約において、その目的物が種類又は品質に関して契約の内容に適合しない場合におけるその不適合を担保すべき責任に関し、民法（明治29年法律第89号）第566条に規定する期間についてその目的物の引渡しの日から２年以上となる特約をする場合を除き、同条に規定するものより買主に不利となる特約をしてはならない。

2　前項の規定に反する特約は、無効とする。

民法562条（買主の追完請求権）

1　引き渡された目的物が種類、品質又は数量に関して契約の内容に適合しないものであるときは、買主は、売主に対し、目的物の修補、代替物の引渡し又は不足分の引渡しによる履行の追完を請求することができる。ただし、売主は、買主に不相当な負担を課するものでないときは、買主が請求した方法と異なる方法による履行の追完をすることができる。

2　前項の不適合が買主の責めに帰すべき事由によるものであるときは、買主は、同項の規定による履行の追完の請求をすることができない。

民法563条（買主の代金減額請求権）

1　前条第1項本文に規定する場合において、買主が相当の期間を定めて履行の追完の催告をし、その期間内に履行の追完がないときは、買主は、その不適合の程度に応じて代金の減額を請求することができる。

2　前項の規定にかかわらず、次に掲げる場合には、買主は、同項の催告をすることなく、直ちに代金の減額を請求することができる。

　一　履行の追完が不能であるとき。

　二　売主が履行の追完を拒絶する意思を明確に表示したとき。

　三　契約の性質又は当事者の意思表示により、特定の日時又は一定の期間内に履行をしなければ契約をした目的を達することができない場合において、売主が履行の追完をしないでその時期を経過したとき。

　四　前3号に掲げる場合のほか、買主が前項の催告をしても履行の追完を受ける見込みがないことが明らかであるとき。

3　第1項の不適合が買主の責めに帰すべき事由によるものであるときは、買主は、前2項の規定による代金の減額の請求をすることができない。

民法564条（買主の損害賠償請求及び解除権の行使）

　　前2条の規定は、第415条の規定による損害賠償の請求並びに第541条及び第542条の規定による解除権の行使を妨げない。

民法565条（移転した権利が契約の内容に適合しない場合における売主の担保責任）

　　前3条の規定は、売主が買主に移転した権利が契約の内容に適合しないものである場合（権利の一部が他人に属する場合においてその権利の一部を移転しないときを含む。）について準用する。

民法566条（目的物の種類又は品質に関する担保責任の期間の制限）

　　売主が種類又は品質に関して契約の内容に適合しない目的物を買主に引き渡した場合において、買主がその不適合を知った時から1年以内にその旨を売主に通知しないときは、買主は、その不適合を理由として、履行の追完の請求、代金の減額の請求、損害賠償の請求及び契約の解除をすることができない。ただし、売主が引渡しの時にその不適合を知り、又は重大な過失によって知らなかったときは、この限りでない。

⑽　売却代金と管理組合財産の清算（分配）

共有持分全部の買主への移転が完了し、その後に、売却代金の清算（分配）、マンション管理組合財産の清算（分配）を行います。

(A)　売却代金の清算（分配）

売却代金は、買主から敷地共有者団体が受領し、敷地共有持分に応じて敷地共有者に分配します。

敷地売却事業に要した費用（不動産仲介料、訴訟費用、一般社団法人の清算費用、土地の管理費用、その他の費用等）は持分に応じて、分配金から差し引きます。

マンション管理組合からの借入れ（前記①(2)参照）があれば、それを返済します。

(B)　マンション管理組合財産の清算

マンション管理組合財産は、一般には、共用部分の共有持分に応じて分配します。共用部分の共有持分と敷地の共有持分は一致しない場合もありますので、その点は注意が必要です。

敷地共有者団体への貸付金があれば、その返済を受け、清算の原資（元手）に加えます。したがって、敷地共有者団体を清算するまで、管理組合は解散できません。

建物取壊し前に管理費の滞納金などがあった場合には、分配金から差し引きます。

建物取壊し時点でマンション管理組合は解散となりますが、敷地売却事業継続中には、その清算を留保しておき、敷地売却事業の完了時にあわせて清算することが望ましいと考えられます（第1章③(9)参照）。

【参考】　多額の滞納金を抱えていたため管理組合の解散・清算まで時間
　　　　がかかった事例

　東日本大震災で被災したＤＡマンションは、特定の旧区分所有者の管

理費等の滞納額が多かったため、敷地売却の分配金から清算してもらう
しかなく、敷地売却の決済まで管理組合の清算ができませんでした。

　さらに、管理組合は建物取壊しの際に、ゴネ得ねらいの区分所有者に
850万円の立退料を支払う約束をしたものの、450万円しか支払って
いなかったため、残り400万円の支払いについて裁判を起こされていまし
た。その結果、管理組合財産のうち、400万円が裁判所の手続によって
仮差押えされており、和解して300万円の支払いとなるまでにも時間が
かかりました。このようにして、なかなか残余財産の確定ができず、管
理組合の解散と敷地共有者団体の解散は、共に敷地の売却決済日の1カ
月後になってしまいました。

⑾　一般社団法人の解散と清算　【一般社団法人を設立した場合】

　一般社団法人を設立していた場合は、信託の終了により、一般社団法人の
解散と清算を行います。

　敷地売却事業の終了と借り入れている金銭の返済を確認して解散します。

　不動産取得税、不動産譲渡所得税、事業税、法人市民税、法人県民税は、
これらをすべて減免してもらうための申請をします。これらが承認されてか
ら結了します。

　債権債務の清算がすべて終わった時点で結了の登記を行います。

第3章

その他の留意点と参考資料

① 敷地が区分所有者全員の共有にはなっていないマンション

(1) 敷地が区分所有者全員の共有になっていることの確認

　この説明を読む前に、必ず序章②(2)(A)を読んで、被災したマンションの敷地が区分所有者全員の共有になっているかどうかを確認してください。

　敷地が区分所有者全員の共有になって「いる」マンションとは、すべての区分所有者の登記記録（建物の登記記録）に「敷地権」の表示がある、または敷地（土地）の登記記録が全部敷地権になっていることが確認できるマンションです。敷地が区分所有者全員の共有になって「いる」ことが確認できている場合には、以下は読み飛ばしてもかまいません。

　以下では、敷地が区分所有者全員の共有にはなって「いない」マンションにはどのようなものがあるのか、また、そのようなマンションが、被災マンション法に基づいて敷地売却事業を行おうとする場合の問題点について説明します。

(2) 被災マンション法5条「敷地売却決議」が適用できる要件

　被災マンション法では、被災して全部滅失したマンションや取り壊したマンションの敷地が、マンションが建っていたときの区分所有者（＝旧区分所有者）の共有（準共有）になっていることが、敷地共有者（＝旧区分所有者）による敷地売却決議を行うための要件になっています。また、被災マンション法での敷地共有者等とは、「敷地利用権を有する者」と考えられています。

55　準共有も含みます。準共有とは、敷地の地上権または土地賃借権を区分所有者で共有している状態です。

専有部分（区分建物）の表題部（例）

〇市〇町二丁目5−1−203　　　　　　　　　　区分所有建物全部事項証明書

| 専有部分の家屋番号 | 5 - 1 -101〜5 - 1 -106　5 - 1 -201〜5 - 1 -206　5 - 1 -301〜5 - 1 -306 |
| | 5 - 1 -401〜5 - 1 -406　5 - 1 -501〜5 - 1 -506 |

| 【表題部】（一棟の建物の表示） | | | 調製 | 余白 | 所在図番号 | 余白 |

| 【所　　在】 | 〇市〇町二丁目　5番地1 | 余白 |

| 【建物の名称】 | 甲マンション | 余白 |

【　①　構　　造　】	【②床　面　積】　　㎡	【原因及びその日付】	【登記の日付】
鉄骨鉄筋コンクリート造 陸屋根5階建て	1階　480│17 2階　480│17 3階　480│17 4階　480│17 5階　480│17	余白	平成〇年2月5日

【表題部】（敷地権の目的たる土地の表示）				
【①土地の符号】	【②所在地及び地番】	【③地目】	【④地　積】　　㎡	【登記の日付】
1	〇市〇町二丁目5番地1	宅地	932│74	平成〇年2月5日

【表題部】（専有部分の建物の表示）			
【家屋番号】	〇〇二丁目　5番1の201	余白	
【建物の名称】	甲マンション	余白	

【種類】	【　②　構　　造　】	【③床面積】　㎡	【原因及びその日付】	【登記の日付】
居宅	鉄骨鉄筋コンクリート造 1階建て	2階部分　71│01	平成〇年1月22日新築	平成〇年2月5日

【表題部】（敷地権の表示）				
【①土地の符号】	【②敷地権の種類】	【③敷地権の割合】	【原因及びその日付】	【登記の日付】
1	所有権	226315分の7534	平成〇年1月17日敷地権	平成〇年2月5日
【　所　有　者　】	千代田区〇〇町一丁目2番3号　　〇〇建設株式会社			

＊下線のあるものは抹消事項であることを示す。　整理番号D〇〇〇〇〇（1／1）　　1／2

表題部に敷地権についての
表示が登記されている

土地の権利部（例）

【権利部（甲区）】		（所有権に関する事項）		
【順位番号】	【登記の目的】	【受付年月日・受付番号】	【　　原　　因　　】	【権利者その他の事項】
1	所有権保存	平成○年○月○日 第○号	余白	所有者　○市○町○番○号 　　　　○○○○
2	所有権移転	平成○年○月○日 第○号	平成○年○月○日売買	所有者　○市○町○番○号 　　　　○○○○
3	所有権敷地権	余白	余白	建物の表示 　○市○町二丁目5番地1 1棟の建物の名称 　甲マンション 　平成○年○月○日登記

権利部に敷地権である旨の
表示がされている。

⑶　被災マンション法2条「敷地共有者等集会」

　「敷地が旧区分所有者の共有」であることが、敷地売却決議の要件となる
根拠は、被災マンション法2条にあります。この条文を要約すると、「被災
マンション法の適用が政令で指定された大規模な災害によって、①区分所有
建物の全部が滅失した場合、②被災マンション法の取壊し決議で建物を取り
壊した場合、③区分所有者の全員同意に基づいて建物を取り壊した場合、以
上①～③のいずれかにおいて、敷地利用権が旧区分所有者（建物が①～③の
状態になる前の区分所有者）の共有になっているときは、敷地利用権を有する
者（＝旧区分所有者）は、政令施行の日から起算して3年が経過する日までの
間は、集会を開くことができる」となります。この「集会」は、「敷地共有者
等集会」と呼ばれています。

　要するに、「敷地が旧区分所有者の共有」でなければ、被災マンション法に
基づく集会（＝敷地共有者等集会）を開くことができないという規定です。敷
地売却をしようとするときは、全部滅失や取壊しにより区分所有建物は存在

しないわけですから、区分所有法に基づく集会を開くことができません。かといって、単純に敷地共有者が集まって集会を開催しただけでは、被災マンション法に基づく集会として扱われません。被災マンション法の規定をすべて満たしてはじめて、被災マンション法に基づく敷地共有者等集会となります。

　被災マンション法５条の「敷地売却決議」の条文を要約すると、「敷地共有者等集会においては、敷地共有者等の議決権の５分の４以上の多数で、敷地売却決議をすることができる」となります。冒頭の「敷地共有者等集会においては」という部分が重要で、敷地売却決議は敷地共有者等集会で行われるのです。そして、敷地共有者等集会を行うためには「敷地が旧区分所有者の共有」でなければなりません。したがって、「敷地が旧区分所有者の共有」であることが、敷地売却決議の要件になるわけです。また、旧区分所有者以外の敷地共有者は、事業の当事者である敷地共有者等には該当しないと考えられています。

⑷　建物の権利と土地の権利の一体化

　一戸建ての住宅は、建物と土地を別々に処分（売却や抵当権の設定等）できます。そして、建物の登記記録と土地の登記記録が別々になっているので、それぞれの権利の変動を記録していくことができます。

　一方、区分所有建物であるマンションは、昭和58年（1983年）の区分所有法改正により、建物（専有部分）と土地（敷地利用権）の分離処分が原則として禁止されています（区分所有法22条）。ただし、規約で別段の定めをした場合など、例外的に分離処分ができます。

　区分所有法改正による分離処分の禁止に伴い、昭和58年（1983年）の不動産登記法改正によって、マンションの場合は、建物の登記記録に敷地利用権が「敷地権」[56]として登記され、土地の権利の変動もいっしょに記録できるようになっています。また、敷地（土地）の登記は、甲区（権利部）に敷地権で

ある旨の登記がなされます。

　建物の登記記録に敷地権の表示がある場合は、建物（専有部分）と土地（敷地利用権）は、完全に分離処分できなくなります（区分所有法23条、不動産登記法44条9号）。

　登記の期日が昭和59年1月1日以前のマンションの中には、建物（専有部分）と土地（敷地利用権）が別々に売買されたため、建物（専有部分）と土地（敷地利用権）の名義が異なっているため、あるいは、その土地に何らかの制限（地役権など）が課せられていたために、建物（専有部分）と土地（敷地利用権）を一体的に登記できないまま（建物の登記記録に敷地権の表示がないまま）現在に至っているものもありますので、注意してください。

⑸　建物と土地の一体的登記がなされていないマンション

　建物と土地の一体的登記がなされていないマンションには、以下①〜⑥の状態が考えられます。

①　敷地権の登記がない場合

②　敷地権の登記が土地の全部ではなく一部の場合（「一部敷地権」）

③　一部の区分所有者が敷地の権利を有していない場合、あるいは区分所有者以外の敷地共有持分権者がいる場合

④　敷地が複数の筆になっており、その一部が規約上は敷地（区分所有法が規定する規約敷地）としていても敷地権の登記がない場合

⑤　敷地が複数の筆になっており、その一部の筆に敷地権の登記がなく、規約上の敷地でもなく、区分所有者の一部または全部の単なる共有地でしかない場合

⑥　敷地が複数の筆になっており、その一部の筆が区分所有者以外の者の

56　区分所有法の「敷地利用権」が登記されたものを、不動産登記法では「敷地権」と呼んでいます。

　所有土地である場合

　これら①～⑥の問題の解決を図るためには、それぞれ以下の対応が必要になります。

　①と②の場合は、建物所有者（区分所有者）全員と敷地の共有者全員が一致していれば問題ありません。ただし、建物共用部分の持分と、敷地の持分が異なる場合がありますので注意してください。敷地売却益は、共用部分の持分ではなく、敷地持分の割合で分配されます。

　③のように、建物所有者ではあるが敷地の共有持分権を有していない者がいる場合には、建物取壊しは区分所有者集会の決議ですので問題ありませんが、再建や敷地売却の場合の当事者は敷地の共有者に限られますので、注意が必要になります。この場合に、再建や敷地売却決議の当事者から敷地共有持分権のない区分所有者は除かれると考えられます。

　また逆に、建物所有者（区分所有者）ではない敷地共有者は、被災マンション法が規定する「敷地共有者等」には該当しないと考えられるため、被災マンション法が規定する敷地共有者集会の構成員とはならず、敷地売却決議集会に参加することができません。

　このような、建物所有者（区分所有者）ではない敷地共有者と、建物所有者（区分所有者）であった敷地共有者の関係は、民法の共有に関する規定に従うことになります。したがって、再建や敷地売却の意思決定を行うためには、建物所有者（区分所有者）であった敷地共有者による再建決議や敷地売却決議のほかに、建物所有者（区分所有者）ではない敷地共有者から別途同意を得る必要があります。[57]

57　「区分所有者以外の敷地共有者は、敷地利用権であった権利を有する者（敷地共有者等）に該当せず、敷地共有者等集会の構成員とはなりません。このような区分所有者以外の敷地共有者との関係では、民法上の共有に関する規律に従うことになりますので、再建決議又は敷地売却決議のほかに、その者から別途同意を得る必要があります」（岡山忠広編著『一問一答被災借地借家法・改正被災マンション法』82頁）。

　このように、③の場合は、建物取壊し、再建、敷地売却、それぞれの意思決定（決議）において、当事者および議決権の取扱いの注意が必要になります。

　④の場合には、規約上の敷地（規約敷地）になっていれば、被災マンション法の趣旨からして、法の対象となる敷地と考えて問題ないでしょう。

　⑤⑥の場合には、理論的には、被災マンション法の対象外の土地と考えられ、それぞれの土地の共有者において決定していくことになると考えられます。

⑹　売渡請求の要件

　一部またはすべての区分所有者の登記記録（建物の登記記録）に、「敷地権」の表示がない場合は、一部またはすべての区分所有者の土地と建物が別々に登記されていることになります。その場合、建物の登記記録に敷地権の表示がない区分所有者が、土地の登記記録では敷地の共有者になっているか（敷地共有持分が存在するか）を確認してください。

　区分所有者が、敷地の共有者になっていない場合は、その区分所有者の敷地利用権が存在しないことになります。敷地利用権のない区分所有者が、被災マンション法の取壊し決議、または敷地売却決議に賛成しなかったとしても、「売渡請求」（第1章③⑵参照）の対象者とはなりませんので、この時点で確認しておいてください。売渡請求の対象となるのは、あくまでも「区分所有者の区分所有権及び敷地利用権」です。すなわち、区分所有権と敷地利用権がセットになっていなければ、売渡請求の対象とはなりません。

【参考】　敷地が2筆に分かれている被災マンション

　東日本大震災で被災したDAマンションの敷地は2筆であり、1筆には（一部）敷地権の登記があるものの、もう1筆は区分所有者の共有地で、規約による敷地とされてはいても敷地権の登記はなく、また、敷地共有者と建物の所有者が一致しない、共用部分の共有持分割合と土地の共有

持分割合が異なるといったことがありました。

　このようなマンションであっても、被災マンション法の趣旨（区分所有建物の取壊しや敷地の売却を容易にする特別の措置を講ずることにより、被災地の健全な復興に資すること）から取壊し決議や敷地売却決議の効力は及ぶと考えられます。

《参考法令》

〈敷地売却決議ができる敷地の要件〉

被災マンション法2条（敷地共有者等集会等）（かっこ書を一部省略して要約した条文）

　大規模な火災、震災その他の災害で政令で定めるものにより区分所有建物の全部が滅失した場合（その災害により区分所有建物の一部が滅失した場合において、当該区分所有建物が取壊し決議又は区分所有者全員の同意に基づき取り壊されたときを含む。）において、その建物に係る敷地利用権が数人で有する所有権その他の権利であったときは、敷地共有者等は、その政令の施行の日から起算して3年が経過する日までの間は、この法律の定めるところにより、集会を開き、及び管理者を置くことができる。

〈売渡請求〉

被災マンション法11条（取壊し決議等）

3　取壊し決議については、第9条第3項から第8項まで並びに区分所有法第63条第1項から第4項まで、第6項及び第7項並びに第64条の規定を準用する。(以下、略)

区分所有法63条（区分所有権等の売渡し請求等）読み替え

4　第2項の期間が経過したときは、取壊し決議に賛成した各区分所有者若しくは取壊し決議の内容により取壊しに参加する旨を回答した各区分所有者（これらの者の承継人を含む。）又はこれらの者の全員の合意により区分所有権及び敷地利用権を買い受けることができる者として指定された者（以下「買受指定者」という。）は、同項の期間の満了の日から2月以内に、取壊しに参加しない旨を回答した区分所有者（その承継人を含む。）に対し、区分所有権及び敷地利用権を時価で売り渡すべきことを請求することができる。取壊し決議があつた後にこ

の区分所有者から敷地利用権のみを取得した者（その承継人を含む。）の敷地利用権についても、同様とする。

〈区分所有権と敷地利用権〉

区分所有法22条（分離処分の禁止）

1　敷地利用権が数人で有する所有権その他の権利である場合には、区分所有者は、その有する専有部分とその専有部分に係る敷地利用権とを分離して処分することができない。ただし、規約に別段の定めがあるときは、この限りでない。

2　前項本文の場合において、区分所有者が数個の専有部分を所有するときは、各専有部分に係る敷地利用権の割合は、第14条第1項から第3項までに定める割合による。ただし、規約でこの割合と異なる割合が定められているときは、その割合による。

3　前2項の規定は、建物の専有部分の全部を所有する者の敷地利用権が単独で有する所有権その他の権利である場合に準用する。

区分所有法23条（分離処分の無効の主張の制限）

　　前条第1項本文（同条第3項において準用する場合を含む。）の規定に違反する専有部分又は敷地利用権の処分については、その無効を善意の相手方に主張することができない。ただし、不動産登記法（平成16年法律第123号）の定めるところにより分離して処分することができない専有部分及び敷地利用権であることを登記した後に、その処分がされたときは、この限りでない。

不動産登記法44条（建物の表示に関する登記の登記事項）

1　建物の表示に関する登記の登記事項は、第27条各号に掲げるもののほか、次のとおりとする。

　　九　建物又は附属建物が区分建物である場合において、当該区分建物について区分所有法第2条第6項に規定する敷地利用権（登記されたものに限る。）であって、区分所有法第22条第1項本文（同条第3項において準用する場合を含む。）の規定により区分所有者の有する専有部分と分離して処分することができないもの（以下「敷地権」という。）があるときは、その敷地権

不動産登記法46条（敷地権である旨の登記）

　　登記官は、表示に関する登記のうち、区分建物に関する敷地権について表題部に最初に登記をするときは、当該敷地権の目的である土地の登記記録について、職権で、当該登記記録中の所有権、地上権その他の権利が敷地権である旨の登記をしなければならない。

〈被災マンション法の趣旨〉

被災マンション法1条（目的）

　この法律は、大規模な火災、震災その他の災害により、その全部が滅失した区分所有建物の再建及びその敷地の売却、その一部が滅失した区分所有建物及びその敷地の売却並びに当該区分所有建物の取壊し等を容易にする特別の措置を講ずることにより、被災地の健全な復興に資することを目的とする。

② 被災区分の整理

建物の被災度を表す尺度にはさまざまなものがあります。ここでは、①応急危険度判定、②被害認定（罹災証明）、③被災度区分判定、④地震保険、⑤区分所有法・被災マンション法の滅失、について説明します。

(1) 応急危険度判定

地震により被災した建築物を調査し、その後に発生する余震などによる倒壊の危険性や外壁・窓ガラスの落下、附属設備の転倒などの危険性を判定す

	種　類	根　拠	区　分	判断主体 実施主体	調査員
①	応急危険度判定	地震対策推進条例	・危険 ・要注意 ・調査済	自治体 （市区町村）	応急危険度判定士（1級、2級、木造建築士）
②	被害認定 （罹災証明）	災害対策基本法	・全壊 ・大規模半壊 ・半壊 ・一部損壊	自治体 （市区町村）	市区町村職員
③	被災度区分判定	日本建築防災協会	・倒壊 ・大破 ・中破 ・小破 ・軽微	所有者	建築構造技術者（1級、2級、木造建築士）
④	地震保険	地震保険に関する法律	・全損 ・大半損 ・小半損 ・一部損	損害保険会社	（建築士等）
⑤	区分所有法・被災マンション法の滅失		・全部滅失 ・大規模一部滅失 ・小規模一部滅失	区分所有者	（建築士等）

（出典：一般社団法人マンション管理業協会「平成29年度マンション管理アドバンス研修資料」をもとに加筆修正）

ることで、人命にかかわる二次的被害を防止することが目的です。

　その建築物が使用できるか否かを応急的に判定するものであり、専門家の迅速な判定により被災者の精神的安定にもつながるといわれています。

　「応急」なので「緊急性」と「暫定性」が特徴となります。緊急性については、地震直後の短期間に多くの判定を行う必要がある点、暫定性については、限られた調査項目で判定を行うので、後に判定結果が異なる場合もある点に注意する必要があります。

　調査は行政が無料で行います。罹災（りさい）証明（後記(2)参照）のための被害調査ではありません。自治体（都道府県）から認定を受けた建築士等の専門家が「応急危険度判定士」としてボランティアで調査員の活動を行います。判定結果は、建築物の見やすい場所に表示され、居住者の方はもとより、付近を通行する歩行者等にも、その建築物の危険性について情報提供しています。

　応急危険度判定は、判定士が2人1組となって、建築物の外観を目視して行います。判定後、「調査済」（緑）、「要注意」（黄）、「危険」（赤）のうちのどれかを判定した建築物の見やすい箇所に掲示し、居住者をはじめとした一般人に状況を知らせます。「危険」が掲示された建築物は立入禁止となります。

(2)　罹災証明

　市区町村が現地調査を行い、「全壊／大規模半壊／半壊／一部損壊」の区分で被害のレベルを判定し、「り災証明書」を発行します。被災した家屋や事務所などの被害の程度を証明する書類となります。一部損壊とは、居住するために補修を必要とするが、破損の程度が全壊・大規模半壊・半壊には至らないものをいいます。

　罹災証明の判定は、損壊部分の延床面積比（A）、または経済的被害の住家全体に占める損害割合（B）で判定します。

　罹災証明は、以下の場合に必要となります。

	種　　類	判定根拠	全　壊	大規模半壊	半　壊
A	損壊基準判定	住家の損壊、焼失、流失した部分の床面積に占める損壊割合	70％以上	50％以上 70％未満	20％以上 50％未満
B	損害基準判定	住家の主要構成要素の経済的被害の住家全体に占める割合	50％以上	40％以上 50％未満	20％以上 40％未満

（出典：内閣府ウェブサイト「災害に係る住家の被害認定の概要」<http://www.bousai.go.jp/taisaku/unyou.html>）

・保険金を受給する場合

・被災者生活再建支援金を受給する場合

・義捐金を受給する場合

・税金の減免などを受ける場合

・被災者向けの融資を受ける場合

・仮設住宅へ入居する場合

・住宅応急修理制度を申請する場合（災害救助法適用市町村における大規模半壊と半壊が対象）

・公費解体を申請する場合（半壊以上が対象）

⑶　被災度区分判定

　被災度区分判定は、応急危険度判定に引き続き実施される、建物の継続使用に関する安全性についての調査という位置づけです。建築構造技術者が被災建築物の内部に立ち入り、建物の沈下、傾斜および構造躯体などの損傷状況を調査し、地震動の強さなどを考慮し、復旧の要否とその程度を、「倒壊／大破／中破／小破／軽微／無被害」の6段階で判定します。一般財団法人日本建築防災協会等による任意の制度であり、あくまでも建築物の所有者が費用を負担して行うことを原則とするものです。被災度区分判定により、建

物を適切に復旧し継続使用することができます。

(4) 地震保険

　火災保険は、地震を原因とする火災等は補償しません。地震保険は、地震、噴火、またはこれらによる津波を原因とする火災、損壊、埋没、または流出による損害を補償する地震災害専用の保険であり、居住用の建物と家財が対象です。地震保険は、火災保険に付帯する方式での契約となるので、火災保険への加入が前提となります。「全損／大半損／小半損／一部損」の４段階で判定します。

	建物被災基準	支払額
全損	主要構造部の損害額が時価額の50％以上	地震保険金額の100％（時価額が限度）
大半損	主要構造部の損害額が時価額の40％以上50％未満	地震保険金額の60％（時価額の60％が限度）
小半損	主要構造部の損害額が時価額の20％以上40％未満	地震保険金額の30％（時価額の30％が限度）
一部損	主要構造部の損害額が時価額の３％以上20％未満	地震保険金額の５％（時価額の５％が限度）

出典：財務省ウェブサイト「地震保険制度の概要」等を参考に作成

(5) 区分所有法・被災マンション法の滅失

　滅失とは、物の効用が消滅することをいいます。建物が物理的に消滅する場合に限りません。建物の外観上は住めるようであっても、建物の内部が使用できない状況であれば滅失したといえます。

　全部滅失は、区分所有建物の主要な部分が滅失し、社会的、経済的にみて、建物の全体としての効用が失われた場合です。

　一部滅失は、区分所有建物の主要な部分について効用が失われたが、建物全体としてはなお効用を維持している場合です。

　大規模一部滅失（大規模滅失）は、建物の価格の２分の１超に相当する部分

が滅失した場合です。

　小規模一部滅失（小規模滅失）は、建物の価格の2分の1以下に相当する部分が滅失した場合です。

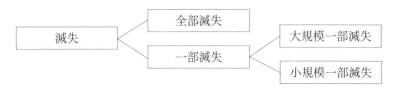

　被災マンション法の取壊し決議を行う場合は、被災したマンションの建物が大規模一部滅失であることが条件です。同様に、同法の敷地売却決議を行う場合は、被災したマンションの建物が全部滅失（取壊しによる全部滅失状態も含む）が条件になります。全部滅失か一部滅失かは、専門家の判断を参考にして、区分所有者が決めることができます（第1章①(2)(C)参照）。

　全部滅失の場合、または取壊し決議をした場合は、建物が存在しないので区分所有法は適用されず、区分所有法に基づく集会を開催することはできません。すなわち、区分所有法に基づく建替え決議や復旧決議はできないということになります。全部滅失の場合は、被災マンション法の再建決議、または敷地売却決議しか選択肢がありません。

決議の種類	前　提
再建決議（被災マンション法4条）	全部滅失
敷地売却決議（被災マンション法5条）	
取壊し決議（被災マンション法11条）	大規模一部滅失 （建物の価格の2分の1を超える部分が滅失）
建物敷地売却決議（被災マンション法9条）	
建物取壊し敷地売却決議（被災マンション法10条）	
復旧決議（区分所有法61条）	
建替え決議（区分所有法62条）	全部滅失以外

③ 参考資料

(1) 公費解体を行ったマンション

番号	マンション名	略称	取壊しの意思決定方法				建物解体費用	
			取壊し全員同意	取壊し決議被11条	建替え決議区62条	団地の一括建替え決議区70条	公費解体	自費解体の後に公費助成
仙台01	東仙台マンション	HS	△注1					○
仙台02	第二旭コーポラス	DA	○				○	
仙台03	サニーハイツ高砂	ST	○				○	
仙台04	コーポレーション仙台	CS	○				○	
仙台05	長町南3丁目パークホームズ	NM			○		○	
熊本01	第二京町台ハイツ	DK		○			○	
熊本02	スカイハイツ健軍東	SK		○			○	
熊本03	メゾン本荘	MH		○			○	
熊本04	シティマンション保田窪本町	SH		○			○	
熊本05	サンアメニティ参番館	SS	○					○
熊本06	上熊本永江マンション	KN	○				○	
熊本07	立町ハイツ	TH	○				○	

熊本08	島崎マンション	S M	○				○	
熊本09	コアマンション熊本駅南	C K	○				○	
熊本10	上熊本ハイツ	K K				○	○	

注1　全員同意なしに取壊しが行われたが、現在まで異議を唱える者は現れていないため、全員同意による取壊しとみなしている。

(2)　敷地売却または再建を行ったマンション

番号	マンション名	敷地売却または再建の意思決定方法				敷地共有者と買主との契約方法		
		共有物分割請求により単独所有	敷地売却全員同意	敷地売却決議 被5条	再建決議 被4条	買主との個別契約	代表者が代理契約	信託方式で集約した一般社団法人が契約
仙台01	東仙台マンション			○				○
仙台02	第二旭コーポラス			○				○
仙台03	サニーハイツ高砂			△注2		○		
仙台04	コーポレーション仙台	○						
熊本01	第二京町台ハイツ		○					○
熊本02	スカイハイツ健軍東		○			○		
熊本03	メゾン本荘			○				○
熊本04	シティマンション保田窪本町				○			

熊本 05	サンアメニティ参番館		○				○	
熊本 06	上熊本永江マンション		○			○		
熊本 07	立町ハイツ		○			不明	不明	
熊本 08	島崎マンション		○			○		
熊本 09	コアマンション熊本駅南		○				○	

注2 敷地売却決議の可決を宣言したものの、のちの訴訟で無効判決が示されている。

161

④　書式例

(1)　取壊し決議集会議案書の例

被災マンション法（被災区分所有建物の再建等に関する特別措置法）に基づく

『取壊し決議集会』議案書

令和○年○月○日

議事

○○マンション取壊し決議

取壊し費用の分担

1．区分所有建物の取壊しに要する費用の概算額

　公費解体申込みにより建物取壊しの負担は生じないが、地下、基礎部分は所有者の負担となる（杭は除去しない）。試算では約○○万円（変動あり）必要である。

2．取壊しに要する費用の分担に関する事項

　管理費（地震保険金を含む）より、各区分所有者の専有部分の床面積割合に従って決定する。

取壊しの理由

1．築○年（震災当時）旧耐震基準のマンションで、2度の震度6強、7の地震を受け、簡易の被災度区分判定調査結果でも、中破から大破の診断とされている。修繕は大変な時間と費用がかかるものと推測され、築年数や、既存不適格建物、居住者の高齢化等を考えると、公費解体で組合員の負担がなく、みなし仮設等に移っている期間に、速やかに取壊しを行う選択が最善と思われる。

2．　・都市計画区域：市街化区域

　　　・用途地域：準工業地域、特別用途地区

　　　・建ぺい率：60%

・容積率：200%

　再建に関しては、現在の都市計画法では、低層の建物しか建設できず、居住者がまた全員住める再建はできない（○㎡、約○坪）。高齢化や資金不足等により再建資金調達の合意形成が困難であり、再建は困難を極める。

<u>取壊し決議要件</u>

1．区分所有者および議決権の5分の4以上の賛成（委任状・議決権行使書を含む）で、取壊し決議が成立します。

○月○日（○）に「説明会」を開催し、○月○日（○）に「取壊し決議集会」を開催します。

---

(2)　敷地売却決議集会議案書の例

被災マンション法（被災区分所有建物の再建等に関する特別措置法）に基づく

『敷地売却決議集会』議案書

令和○年○月○日

議事

<u>旧○○マンション敷地売却決議</u>

売却先：○○市○○区○○ 1丁目1番1号
　　　　株式会社○○○○　代表取締役　○○○○

売却金額：000,000,000円（見込額）

売却の理由：敷地共有者の高齢化や資金不足等により再建資金調達の合意形成が困難であり、再建できないため。また、共有者全員の同意による共有地の利用も著しく困難なため。昨年○月○日に敷地売却を目的に「旧○○マンション敷地共有者会」を設立し、今回

の「敷地売却決議集会」となりました。

決議要件：5分の4以上

　　昨年〇月以来、「旧〇〇マンション敷地共有者会」世話人会では、適正な敷地の売却を目指して取り組んでまいりました。

　　今年〇月〇日に「報告会」を開催し、取りあえず現況（地下部分を解体せずに）のままでの売却をめざすこととなりました。〇月中旬から〇月〇日まで宅地建物取引業者を介して買主を募ったところ、3社から「不動産購入申請書」をいただきました。〇月〇日（〇）の世話人会において、立会希望された共有者の皆様の前で開札した結果、最も高額を提示したのが株式会社〇〇でした。その後、世話人会でも再度検討し、株式会社〇〇を「優先交渉権者」に決定いたしました。

　　〇月〇日（〇）に「説明会」を開催し、〇月〇日（〇）に「敷地売却決議集会」を開催します。全共有者の敷地持分の5分の4以上の賛成（委任状を含む）で売却決議が成立します。

※売却決議に賛成される方は出欠にかかわらず【別紙Ⅱ】の同意書にご署名ご捺印のうえ、【別紙Ⅰ】の用紙とともにご返送ください。

(3)　敷地売却決議集会出席届・委任状・議決権行使書の例

旧〇〇マンション敷地共有者会　　　　　　　　　　　　【別紙Ⅰ】
管理者　　〇〇〇〇　殿

①　出　席　届

私は、令和〇年〇月〇日（〇）開催の旧〇〇マンション敷地共有者集会に出席し、議決権を行使いたします。

令和○年　　月　　日
敷地共有者　　旧部屋番号＿＿＿＿号室　　氏名＿＿＿＿＿＿＿＿＿印

---

② 委 任 状

私は、(住所)＿＿＿＿＿＿＿＿＿＿＿＿＿＿＿＿＿ (氏名)＿＿＿＿＿＿＿
を代理人と定め、令和○年○月○日 (○) 開催の旧○○マンション敷地共有者
集会において議決権を行使することを委任いたします。

令和○年　　月　　日
敷地共有者　　旧部屋番号＿＿＿＿号室　　氏名＿＿＿＿＿＿＿＿＿印

---

③ 議決権行使書

私は、令和○年○月○日 (○) 開催の旧○○マンション敷地共有者集会に出席
できませんので、本集会に提出された議案について、下記の通り議決権を行
使いたします。

令和○年　　月　　日
敷地共有者　　旧部屋番号＿＿＿＿号室　　氏名＿＿＿＿＿＿＿＿＿印

記

第1号議案　敷地売却承認の件　（　　賛成　・　反対　）
※賛成・反対のいずれかに○印をつけてください。

注1：この用紙は切り取らず、該当事項欄①②③の枠内のどれかにご記入の
　　　うえ、提出してください。

注2：出席予定の場合は、①出席届に記入してください。

注3：出席できずに代理人に委任する場合は、②委任状に記入してください。
　　　なお、代理人名の記入のない場合は管理者に委任したものとみなします。

注4：出席できずに書面で議決権を行使する場合は、③議決権行使書に記入
　　　し賛成・反対のいずれかに○印をつけてください。

提出期限：令和○年○月○日（○）

提出先：同封の封筒にて管理者あてに返送ください。

⑷　同意書（敷地売却決議集会）の例

同　意　書

旧○○マンション敷地共有者会

管理者　　○○○○　　様

　私は、被災マンション法（被災区分所有建物の再建等に関する特別措置法）
の規定に基づく令和○年○月○日敷地共有者会の決議（売却先：株式会社○
○○○、売却の見込額：金000,000,000円也）に同意し、私に係る下記表示敷地
の共有持分の売買契約を締結する権利を管理者に委任いたします。

旧○○マンション敷地
○○市○○区○○１丁目１番１号

　旧○○マンション_____号室　　　令和○年　　月　　日
（旧部屋番号をご記入ください）

　共有者住所_____

　共有者氏名_____印

連絡先電話番号＿＿＿＿＿＿＿＿＿＿＿＿＿＿＿＿＿＿＿＿＿

⑸　一般社団法人定款の例

一般社団法人○○マンション敷地共有者会定款

第1章　総　則

（名称）

第1条　当法人は、一般社団法人○○マンション敷地共有者会と称する。

（主たる事務所）

第2条　当法人は、主たる事務所を宮城県仙台市に置く。

（目的）

第3条　当法人は、東日本大震災で被災した○○マンションの敷地売却（建替え後の譲渡を含む）によって所有者の権利確保と配分による清算を目的とし、この目的を達成するため、次の事業を行う。

⑴　敷地売却事業及び不動産購入

⑵　前号に掲げる事業に附帯関連する事業

（公告）

第4条　当法人の公告は、主たる事務所の公衆の見やすい場所に掲示する方法による。

第2章　社　員

（入社）

第5条　当法人の目的に賛同し、入社したものを社員とする。

2　社員となるには、当法人所定の様式による申込みをし、代表理事の承諾を得るものとする。

（退社）

第6条　社員は当法人所定の様式による退社届を提出し、いつでも退社することができる。ただし、退社の申出は1か月以上前に予告するものとする。やむを得ない事由があるときはいつでも退社することができる。

（除名）

第7条　当法人の社員が、当法人の名誉を毀損し、若しくは当法人の目的に反する行為をし、又は社員としての義務に違反するなど除名すべき正当な事由があるときは、一般社団法人及び一般財団法人に関する法律（以下「一般法人法」という。）第49条第2項に定める社員総会の決議によりその社員を除名することができる。

（社員の資格喪失）
第8条　社員が次の各号のいずれかに該当する場合には、その資格を喪失する。
　(1)　退社したとき。
　(2)　成年被後見人又は被保佐人になったとき。
　(3)　死亡し若しくは失踪宣告を受け又は解散したとき。
　(4)　除名されたとき。
　(5)　総社員の同意があったとき。

第3章　社員総会

（構成）
第9条　社員総会は全ての社員をもって構成する。
（権限）
第10条　社員総会は、次の事項について決議する。
　(1)　社員の除名
　(2)　理事の選任又は解任
　(3)　理事の報酬等の額
　(4)　計算書類等の承認
　(5)　定款の変更
　(6)　解散及び残余財産の処分
　(7)　その他社員総会で決議するものとして法令又はこの定款で定められた事項
（招集）
第11条　当法人の定時社員総会は、毎事業年度末日の翌日から3か月以内に招集し、臨時社員総会は、必要に応じて招集する。
2　定時社員総会は、法令に別段の定めがある場合を除き、理事の過半数の決定により代表理事がこれを招集する。代表理事に事故又は支障があるときは、あらかじめ定めた順位により他の理事がこれを招集する。
3　社員総会の招集通知は、会日より1週間前までに社員に対して発する。

4　前項の規定にかかわらず、社員総会は、社員全員の同意があるときは、
書面又は電磁的方法による議決権行使の場合を除き、招集手続を経ずに開
催することができる。

（議長）

第12条　社員総会の議長は、代表理事がこれに当たる。ただし、代表理事に
事故又は支障があるときは、当該社員総会において議長を選出する。

（決議の方法）

第13条　社員総会の決議は、法令又はこの定款に別段の定めがある場合を除
き、総社員の議決権の過半数を有する社員が出席し、出席した当該社員の
議決権の過半数をもって行う。

2　前項の規定にかかわらず、次の決議は、総社員の半数以上であって、総
社員の議決権の3分の2以上に当たる多数をもって行う。

⑴　社員の除名

⑵　定款の変更

⑶　解散

⑷　その他法令で定められた事項

（議決権）

第14条　社員は、各1個の議決権を有する。

（社員総会の決議の省略）

第15条　社員総会の決議の目的たる事項について、理事又は社員から提案が
あった場合において、その提案に社員の全員が書面又は電磁的記録によっ
て同意の意思表示をしたときは、その提案を可決する旨の総会の決議があっ
たものとみなす。

（議決権の代理行使）

第16条　社員又はその法定代理人は、当法人の社員又は親族を代理人として、
議決権を行使することができる。ただし、この場合には、総会ごとに代理
権を証する書面を提出しなければならない。

（社員総会議事録）

第17条　社員総会の議事については、法令に定めるところにより議事録を作
成し、議長及び出席した理事がこれに署名または記名押印する。

2　第15条の場合も、前項の議事録を作成する。

第4章　役　員

（員数）

第18条　当法人に理事2名以上5名以内を置く。

2　理事のうち1名を代表理事とする。

（選任）

第19条　理事は、社員総会の決議によって社員の中から選任する。ただし、必要があるときは、社員以外の者から選任することを妨げない。

2　代表理事は、理事の互選によって理事の中から選任する。

（任期）

第20条　理事の任期は、選任後2年以内に終了する事業年度のうち最終のものに関する社員総会の終結の時までとする。

2　任期の満了前に退任した理事の補欠として選任された理事の任期は、前任者の任期の残存期間と同一とする。

3　増員により選任された理事の任期は、他の在任理事の任期の残存期間と同一とする。

4　第18条に定める理事の員数が欠けた場合には、任期の満了又は辞任により退任した理事は、新たに選任された者が就任するまで、なお理事としての権利義務を有する。

（理事の職務及び権限）

第21条　理事は、法令及びこの定款の定めるところにより、その職務を執行する。

2　代表理事は、当法人を代表し、その業務を統括する。

（解任）

第22条　理事は、社員総会の決議によって解任することができる。

（報酬等）

第23条　理事の報酬、賞与その他の職務執行の対価として当法人から受ける財産上の利益は、社員総会の決議によって定める。

第5章　計　算

（事業年度）

第24条　当法人の事業年度は、毎年6月1日から翌年5月末日までの年1期とする。

（事業報告及び決算）

第25条　当法人の事業報告及び決算については、毎事業年度終了後、代表理

事が次の書類を作成し、定時社員総会に提出し、第1号の書類については
その内容を報告し、第2号及び第3号の書類については承認を受けなけれ
ばならない。

(1)　事業報告

(2)　貸借対照表

(3)　損益計算書 (正味財産増減計算書)

第6章　附　則

(最初の事業年度)

第26条　当法人の最初の事業年度は、当法人の設立の日から令和○年5月31
　日までとする。

(設立時の役員)

第27条　当法人の設立時の理事は、次のとおりである。

　　　　　設立時理事　○○○○

　　　　　設立時理事　○○○○

　　　　　設立時理事　○○○○

　　　　　設立時理事　○○○○

　　　　　設立時理事　○○○○

2　当法人の設立時代表理事は、設立時理事の互選によって選定する。

(設立時社員の氏名又は名称及び住所)

第28条　当法人の設立時の社員の氏名又は名称及び住所は、次のとおりである。

　　　　　仙台市○○○

　　　　　○○○○

　　　　　仙台市○○○

　　　　　○○○○

　　　　　仙台市○○○

　　　　　○○○○

　　　　　仙台市○○○

　　　　　○○○○

　　　　　仙台市○○○

　　　　　○○○○

(法令の準拠)

第29条　本定款に定めのない事項は、すべて一般社団法人法その他の法令に

伴う。

　以上のとおり、一般社団法人〇〇マンション敷地共有者会設立のため、設立時社員の定款作成代理人である司法書士〇〇〇〇は、電磁的記録である本定款を作成し、これに電子署名をする。

令和〇〇年〇〇月〇〇日

　　　　　仙台市〇〇〇
　　　　　設立時社員　〇〇〇〇
　　　　　仙台市〇〇〇
　　　　　設立時社員　〇〇〇〇
　　　　　仙台市〇〇〇
　　　　　設立時社員　〇〇〇〇
　　　　　仙台市〇〇〇
　　　　　設立時社員　〇〇〇〇
　　　　　仙台市〇〇〇
　　　　　設立時社員　〇〇〇〇

　　　　　上記設立時社員5名の定款作成代理人
　　　　　　　　　　　　　　　司法書士　〇〇〇〇

(6)　信託契約書の例

信託契約書

　委託者と受託者は、下記不動産（以下、「本件土地」という）の委託者が所有する持分全部（以下、「本件信託土地」という）につき、後記信託条項により、信託契約を締結する。

（委託者兼受益者）

住所　　○○○○

氏名　　○○○○　　㊞

（受託者）
住所　仙台市○○区○町○丁目○番×××号
氏名　一般社団法人○○マンション敷地共有者会　代表理事　○○○○　　　㊞

（不動産の表示）
仙台市○○区○町○丁目○番○　宅地　　　　　　㎡（持分　　　　　　分
の　　　　　　　）

令和○○年○○月○○日

記

１、（信託財産）
　本件土地の委託者の共有持分をもって信託財産とする。
２、（信託の目的）
　⑴　本件信託の目的は、本件信託契約の定めに従い、受託者が受益者のために本件土地の共有持分を集約して管理・売却処分することとする。
　⑵　委託者は前項の目的のために受託者に信託財産を信託し、受託者はこれを引き受ける。
３、（対抗要件の具備）
　委託者は、本件土地について、本件信託を原因として所有権移転登記手続をなす。
４、（信託財産の管理及び処分方法）
　⑴　受託者は、本件土地を受託者が適当と認める方法で管理あるいは処分することができる。ただし、受託者は、本件土地の共有者が、被災区分所有建物の再建等に関する特別措置法第５条に基づき集会を開催してなした敷地売却決議に従わなくてはならない。
　⑵　受託者は、信託財産の管理のために必要があるときは、その全部または一部を無償で使用することができる。
　⑶　受託者が信託財産を処分したときは、信託財産はその売買代金に代位

173

するものとする。

(4)　受託者は上記の売買代金から抵当権の抹消に必要な債務の弁済、本件信託契約の実行に要する費用の支出をすることができる。

5、（善管注意義務）

受託者は、信託財産を受託者の固有財産及びその他の信託財産と分別して善良な管理者の注意義務をもって信託事務を処理しなければならない。

6、（受託者の免責）

受託者は、信託財産について善良な管理者の注意をもって管理する限り、第三者の故意もしくは過失又はその他の原因により信託財産に損害が生じてもその責めを負わない。

7、（必要経費の負担）

本件信託契約の実行に要する費用は委託者が負担する。

8、（信託報酬）

受託者の信託報酬は無償とする。

9、（信託期間）

信託期間は契約日から1年とする。但し、第2条で定める目的が達成されない場合には自動的に延長されるものとする。

10、（信託の終了）

本件信託は以下の事由により終了する。

(1)　信託期間が満了したとき

(2)　信託の目的を達したとき

(3)　信託の目的を達することが不能になったとき

11、（計算）

信託終了の場合において、受託者は信託事務の終了の計算をなし、委託者・受益者に書面により報告する。

12、（解除）

本件信託は委託者と受託者の合意があればいつでもこれを解除することができる。

13、（信託終了の場合の信託財産の帰属）

本件信託の目的を達することが不能となって終了したときは、信託財産は委託者に帰属し、受託者は、信託財産を速やかに委託者に返還する。

14、（合意管轄）

本件信託契約に関して争いが生じた場合は、仙台地方裁判所を合意によ

る専属管轄とする。

15、（信託法）

　　本件信託契約に異なる定めのあるものを除き、本件信託については信託法の定めるところによる。

　本件信託契約書は2通作成し、委託者兼受益者及び受託者が各1通を保有する。

以上

あ と が き

早いもので、あの未曾有の東日本大震災から10年を迎えます。

発災から数カ月後、法務省から「被災マンション法を適用するか否か」とのヒアリングを受けたとき、当時の被災マンション法には「再建」しかなかったので、仙台市内で該当するマンションは思い当たりませんでした。実際に建物を解体した5棟のマンションは、いずれも「再建」を選択しませんでした。しかし、残された共有敷地をどうするかは区分所有法に定めがないので、民法の定めに従うことになります。共有敷地の売却は全員同意でしかできません。そのことを被災地調査で来仙されていた一般社団法人日本マンション学会東日本大震災特別研究委員会委員長の折田泰宏弁護士をはじめ、多くの皆様に相談しました。法務省の担当者にも連絡しました。無我夢中で動いているうちに、被災マンション法が改正され、敷地売却が多数決でできるようになり、本当に助かりました。

その後、仙台市内で被災したマンションの敷地売却事業に、マンション管理士として実際にかかわることになり、滞納金、担保権、外国居住者、連絡先不明者等、多くの問題に直面しました。それらの問題解決にあたっては、絡んだ毛糸を一本一本ほぐしていくような思いで対応していきました。その過程では、折田弁護士、松澤陽明弁護士、針生美佳司法書士をはじめ多くの関係者のお力添えをいただきました。あらためて感謝申し上げます。

最終的には、一般社団法人を設立して信託契約による共有持分の集約を行い、無事、敷地売却事業は完了し、敷地共有者団体の解散集会を行いました。このとき、すでに震災から5年ほどが経過していました。

ほっとした矢先に熊本地震が発生しました。翌月、熊本市のマンションの被災状況調査に向かいました。熊本でも、市内で被災したマンションの敷地売却事業を支援することになりました。被災マンション法が改正されて、建物取壊しが多数決でできるようになっていたため、仙台よりは進めやすいと

思っていました。しかし、熊本では公費解体に際して、区分所有者全員の家財放棄同意書を求められるなど、仙台とはまた異なる多くの問題に直面しました。

　仙台と熊本で敷地売却事業を支援した被災マンションは、いずれも管理組合運営が適切に行われていたとは言い難いマンションです。管理組合内部に平時からの問題を抱えながら、被災後の期限の制約のある中で、合意形成に奮闘された役員の皆様には本当に頭が下がります。

　仙台と熊本で、共にマンション管理士として敷地売却の実務にかかわった萩原孝次さんと私（髙橋）が経験したことを、建物取壊し・敷地売却マニュアルとして記録に残したいとの思いから、本書の執筆はスタートしました。正確には、仙台の敷地売却事業が完了した頃には、本書の執筆を始めていましたが、熊本地震による発災により、本書の執筆が一時中断し、熊本の経験も踏まえて、全体構成を見直すことから再スタートすることになりました。

　本書の執筆については、東日本大震災後、日本マンション学会の東日本大震災特別研究委員会のメンバーとして被災マンションの調査を行っていた、東北工業大学（当時）の小杉学さんとともに進めました。小杉さんには、主に私や萩原さんが持っている情報の整理と、本書全体の構成を担っていただきました。小杉さんの下書きをもとに3人で分担執筆し、それを再び3人で検討・確認するという作業の繰り返しでした。この作業は、それぞれの仕事の合間を縫って行われたため、延々と続きました。小杉さんが千葉県の明海大学に転職された後も、幾度となく合宿と称して仙台に来ていただき、土日を使って集中的に本書の議論を進めました。熊本の建物取壊しや敷地売却は、仙台での経験とは異なることも多く、仙台の事例をもとに書き進めていた本書は、たびたび修正せざるを得ませんでした。しかし、その分、内容に厚みが出たと思っています。なお、「委任による窓口の一本化」の部分については、大和ライフネクスト株式会社マンションみらい価値研究所の田中昌樹氏による、熊本の被災マンション敷地売却事業に関する調査報告書を参考にさせて

いただきました。ここに記して感謝申し上げます。

　日本は世界に類をみない地震国です。これからもいつ、どこで震災が起きても不思議ではありません。その時に、本書がいくらかでもマンション管理組合の役に立てるのであればうれしい限りです。

　2020年12月

執筆者を代表して

髙　橋　悦　子

◇執筆者紹介◇

萩原　孝次 (はぎわら・たかつぐ)

略歴　1993年宅地建物取引士、2002年マンション管理士、2002年一般社団法人宮城県マンション管理士会会長、2003年行政書士、2013年宮城県マンション管理士会副会長（現在）、2014年一般社団法人日本マンション学会東北支部幹事（現在）、2017年一般社団法人日本マンション管理士会連合会副会長（現在）、

著書・論文等　「改正被災マンション法の実務上の諸問題」マンション学48号152頁（2014年）、「改正被災マンション法の実務上の諸問題——敷地共有者（団体）の資金問題と所有権移転登記のための法人設立」マンション学51号190頁（2015年）、「東日本大震災におけるマンション敷地売却の実態からみた解消制度のあり方」マンション学56号104頁（共著、2017年）、「東日本大震災と熊本地震の現場からみる被災マンションの課題」マンション学59号66頁（2018年）　　ほか

髙橋　悦子 (たかはし・えつこ)

略歴　1992年宅地建物取引士、2003年マンション管理士、2013年一般社団法人宮城県マンション管理士会会長（現在）、2014年一般社団法人日本マンション学会東北支部監事（現在）

著書・論文等　「改正被災マンション法の実務上の問題点——誰も気づかなかった抵当権と事前に売却先を見つける困難さ」マンション学51号196頁（2015年）、「東日本大震災におけるマンション敷地売却の実態からみた解消制度のあり方」マンション学56号104頁（共著、2017年）、「被災マンション事例報告2——改正被災マンション法による『建物取壊し』『敷地売却』を目指して」マンション学60号97頁（2018年）　　ほか

小杉　学（こすぎ・まなぶ）

略歴　1997年明治大学理工学部建築学科卒業、2005年千葉大学大学院自然科学研究科博士後期課程修了（コミュニティデザイン講座）・博士（学術・千葉大学）、2005年愛知産業大学造形学部建築学科専任講師、2012年東北工業大学ライフデザイン学部准教授、2013年一般社団法人日本マンション学会東北支部長、2016年明海大学不動産学部准教授（現在）、2017年一般社団法人日本マンション学会理事（現在）

著書・論文等　『マンションをふるさとにしたユーコート物語』（共著、昭和堂・2012年）、「大規模被害マンション6事例の現況と諸問題」マンション学51号183頁（2015年）、「東日本大震災におけるマンション敷地売却の実態からみた解消制度のあり方」マンション学56号104頁（共著、2017年）、『マンションの終活を考える』（共著、プログレス・2019年）　　はか

被災マンションの
建物取壊しと敷地売却マニュアル

令和3年1月30日　第1刷発行

定価　本体　2,400円＋税

著　者　萩原孝次・髙橋悦子・小杉　学
発　行　株式会社　民事法研究会
印　刷　株式会社　太平印刷社

発行所　株式会社　民事法研究会
〒150-0013　東京都渋谷区恵比寿3-7-16
〔営業〕TEL 03（5798）7257　FAX 03（5798）7258
〔編集〕TEL 03（5798）7277　FAX 03（5798）7278
http://www.minjiho.com/　　info@minjiho.com

組版／民事法研究会
落丁・乱丁はおとりかえします。ISBN978-4-86556-407-5 C2032　￥2400E

▶マンション管理実務の知っておきたい知識が満載の必携書の第2版！

管理組合・理事のための [第2版]
マンション管理実務必携
―管理組合の運営方法・税務、建物・設備の維持管理、トラブル対応―

マンション維持管理支援・専門家ネットワーク　編

A5判・301頁・定価　本体 2,700 円＋税

▶マンションに関する法律等の基礎知識はもちろん、会計・税務や長期修繕計画、マンションの再生など管理組合運営で気になる点をわかりやすく解説！
▶平成29年の民法（債権関係）改正、令和2年のマンション管理適正化法・マンション建替え等円滑化法改正や最新判例（高圧一括受電など）、新型コロナウイルス感染症対応などの解説を加えた改訂版！
▶管理組合の理事の方や居住者、マンション管理士、管理会社担当者などのマンション管理実務にかかわる方の必携書！

本書の主要内容

第1章　マンション管理の基礎知識
　Ⅰ　マンションとは
　Ⅱ　マンションに関する法律
　Ⅲ　マンションの権利関係
　Ⅳ　管理組合
　Ⅴ　管理規約

第2章　管理組合の組織と運営
　Ⅰ　理事・理事会・理事長
　Ⅱ　総会の手続と決議
　Ⅲ　管理会社をめぐる問題
　Ⅳ　専門家の活用
　Ⅴ　団地型マンションの管理

第3章　管理組合の会計と税務
　Ⅰ　管理組合の会計
　Ⅱ　管理費等滞納者への対応
　Ⅲ　マンション管理と保険
　Ⅳ　管理組合の税務

第4章　共用部分の維持管理
　Ⅰ　はじめに―マンション維持管理の基礎
　Ⅱ　大規模修繕工事の進め方
　Ⅲ　日常修繕等
　Ⅳ　専有部分との一体管理
　Ⅴ　瑕疵への対応

第5章　マンションの再生
　Ⅰ　マンションの再生とは
　Ⅱ　建替えの手続

　Ⅲ　団地建替えの手続

第6章　日常生活におけるトラブルの対処
　Ⅰ　騒音問題
　Ⅱ　水漏れ問題
　Ⅲ　ペットの問題
　Ⅳ　用途違反問題
　Ⅴ　民　泊
　Ⅵ　専有部分のリフォームの問題
　Ⅶ　マンションと賃貸借の問題
　Ⅷ　不良入居者問題
　Ⅸ　ルールを守らない住民・義務違反者への対処法

第7章　マンションをめぐる近時の問題
　Ⅰ　債権法改正
　Ⅱ　マンション管理適正化法の令和2年改正
　Ⅲ　新型コロナウイルス感染症対応と管理組合

発行　民事法研究会

〒150-0013　東京都渋谷区恵比寿 3-7-16
（営業）TEL. 03-5798-7257　FAX. 03-5798-7258
http://www.minjiho.com/　info@minjiho.com